HEYNE <

Das Buch

Dieses Buch versammelt die Bände II und III der Bestsellerreihe »Seelenverträge« von Leila Eleisa Ayach.

Band II: Manche Herausforderungen auf unserem Weg zum Erwachen sind nicht einfach zu bewältigen. Doch wir müssen diese Reise nicht allein antreten! Denn unsere Seele hat bereits vor unserer Geburt einen Vertrag mit einem spirituellen Mentor aus der Geistigen Welt geschlossen. Mit dessen Hilfe wird es möglich, unsere Lebenskraft voll zu entfalten und unsere Wünsche zu verwirklichen – in Einklang mit unserem ganz individuellen Seelenplan.

Band III: Wir leben in einer Zeit des tiefgreifenden Bewusstseinswandels: Die Menschheit tritt in ein neues Zeitalter ein – das Zeitalter des Goldenen Jerusalem. Wie wir diesen Aufstieg in eine höhere Dimension bewusst mitgestalten können, zeigen die Botschaften aus der Geistigen Welt, die von Leila Eleisa Ayach übermittelt werden.

Die Autorin

Leila Eleisa Ayach beschäftigt sich seit ihrer Jugend intensiv mit der nichtsichtbaren Welt. Die Durchgaben der Seelenverträge, die sie aus geistigen Sphären erhielt, bewirkten eine tiefe Transformation in ihrem Leben. Ihr Anliegen ist es, den Mitmenschen zu helfen, sich wieder zu spüren und im Einklang mit der Seele und dem höchsten göttlichen Plan zu leben. Leila Eleisa stammt aus Deutschland und lebt heute in der Schweiz bei Zürich.

Leila Eleisa Ayach

SEELEN VERTRÄGE

Auf dem Weg zum Erwachen

Band II & III

Die Bedeutung des spirituellen Mentors
auf dem Weg zum Erwachen

Jeshua und das Goldene Jerusalem

WILHELM HEYNE VERLAG
MÜNCHEN

MIX
Papier | Fördert gute Waldnutzung
FSC® C014496

Penguin Random House Verlagsgruppe FSC® N001967

4. Auflage

Taschenbucherstausgabe 12/2020

Umschlaggestaltung: Guter Punkt, München,
unter Verwendung von Motiven von © darkbird / adobestock,
© ogre64 / gettyimages und © yaldizli / gettyimages
Herstellung: Helga Schörnig
Satz: Schaber Datentechnik, Austria
Druck und Bindung: GGP Media GmbH, Pößneck
Printed in Germany

ISBN 978-3-453-70408-4

www.heyne.de

Inhalt

BAND II

Die Bedeutung des spirituellen Mentors auf dem Weg zum Erwachen

Der Mentor

Die Geistige Welt grüßt jeden Einzelnen von euch. Wir wissen, wer diese Zeilen liest. Wir können jeden von euch beim Namen nennen. Es ist kein Zufall, dass diese Botschaften jetzt, zu dieser Zeit des großen Wandels, durchgegeben werden.

Ihr selbst habt gewählt, euren Beitrag zum Aufstieg der Erde und zum Aufbau des neuen Goldenen Zeitalters zu leisten.

Dazu habt ihr beschlossen, euch vollkommen zu heilen und den Weg des Erwachens zu gehen. Den Weg zum göttlich erwachten Menschen auf Erden.

Und ihr befindet euch auf dem Weg und stellt fest, dass es kein einfacher ist.

Ihr spürt, dass ihr Dinge in eurem Leben verändern müsst, da ihr euch nicht mehr wohlfühlt in der Tätigkeit, die ihr zurzeit ausübt, oder in eurer Partnerschaft.

Nichts ist mehr so, wie es einmal war.

Alles unterliegt einem großen Wandel – schneller und intensiver als in irgendeiner Zeitperiode der Menschheitsgeschichte. Ihr spürt den Ruf eurer Seele, voranzuschreiten, euch zu verändern und das zu verwirklichen, was ihr euch, bevor ihr in diese Inkarnation eingetreten seid, vorgenommen hattet.

Jeder, der dieses Buch liest, plante die vollkommene Heilung seiner Seele, um als göttlich erwachter Mensch auf Erden zu wirken. Ja, zu wirken, nicht zu arbeiten.

Das ist ein Unterschied. Das Goldene Zeitalter beinhaltet nicht den mühseligen Arbeitsalltag, wie ihr ihn immer noch oft erlebt, sondern das Wirken, das Sein, das Aufgehen und Versunkensein im Hier und Jetzt. Jeder Tag im Goldenen Zeitalter ist ein Tag des Seins, sich als göttlicher Mensch auf Erden zu erfahren. Das ist ein großer Unterschied zum jetzigen Arbeitsalltag unter extremen Stressbedingungen.

Wir wissen, der Weg zum Erwachen, der spirituelle Weg ist kein einfacher. Er ist oft eine Gratwanderung, da ihr den Angriffen eures Egos ausgeliefert seid. Das Ego kämpft darum, dass ihr eben nicht die Ziele eurer Seele verwirklicht. Diese Herausforderung habt ihr als Menschen selbst so ausgesucht, denn nur durch das Ego erfahrt ihr die Dualität, und nur durch die Dualität habt ihr Wahlmöglichkeiten.

Nur durch die Dualität könnt ihr Liebe und Freude erfahren – gegeben durch den Gegenpol von Hass und Trauer. Dementsprechend habt ihr euch auch die Herausforderungen auf dem spirituellen Weg des Erwachens ausgesucht.

Erwachen heißt, sich wieder zu erkennen und zu erinnern. Erwachen heißt, sich seines Potenzials und seiner Fähigkeiten bewusst zu sein und diese auch umzusetzen.

Erwachen heißt, sich der Ziele der Seele bewusst zu sein.

Aber selbst wenn ihr euch eurer Ziele bewusst seid und klar euren Weg erkennt, seid ihr großen Herausforderungen ausgesetzt. Deswegen gibt es auch mehrere Erwachungsstufen, die wir später noch erklären.

Eure Seele weiß um diese Herausforderungen. Es sind die Angriffe des Egos, die in Form von Ängsten und Zweifeln auftauchen und euch zum Straucheln und Fallen bringen, in der Hoffnung, ihr würdet nicht mehr aufstehen und aufgeben, euch wieder ganz dem Leben in der Dualität widmen und aufhören, euch zu einem göttlich erwachten Menschen auf Erden zu entwickeln.

Doch wir sagen euch: Wenn ihr strauchelt, werdet ihr wieder ins Gleichgewicht kommen, und wenn ihr fallt, werdet ihr wieder aufstehen. Jeder von euch wird die Ziele seiner Seele verwirklichen. Lady Gaia und die Geistige Welt brauchen jeden Einzelnen von euch. Jeden! Würde nur einer von euch wegfallen, würde sich der Aufstieg der Erde langsamer vollziehen.

So hohe Wesen seid ihr. Ihr seid alle inkarnierte Engel und hohe Würdenträger aus dem gesamten Universum und habt euch bereit erklärt, mit eurem Wissen aus so vielen Inkarnationen und dem aus eurem Herkunftsplaneten zum beschleunigten Aufstieg von Lady Gaia und der Menschheit beizutragen.

Deswegen seid ihr so geachtet und geliebt. Viele von euch hätten nicht inkarnieren müssen, doch sie wollten aus Liebe zu Mutter Erde und der Menschheit wieder ihren Dienst antreten und zur Heilung beitragen.

Aus Sicht der Dualität drängt die Zeit. Ihr müsst schneller voran als in euren anderen Inkarnationen. Viele Inkarnationen hindurch habt ihr euch auf die jetzige vorbereitet. Ihr wusstet, dass ihr schneller euren Weg beschreiten müsst und größeren Gefahren und Herausforderungen (= Angriffen des Egos) ausgesetzt sein würdet. Ihr wusstet darum, und ihr habt, bevor ihr in diese Inkarnation eingetreten seid, Vorkehrungen in Form von menschlicher Hilfe getroffen. Sicher fragt ihr euch jetzt, wie euch geholfen werden kann bei den ganzen Herausforderungen, Sorgen, Ängsten und Nöten, denen ihr teilweise ausgesetzt seid, wenn sich das Alte verabschiedet, um Platz zu machen für das Neue, das ihr aber in diesem Moment nicht erkennen könnt, da euch das Ego ständig den Zweifel und die Angst ins Ohr flüstert. Genau darum.

Ihr habt Vorkehrungen getroffen in Form einer Verabredung, die zum richtigen Zeitpunkt stattfinden wird.

Verabredung mit eurem Mentor

Euer Plan war, dass, wenn ihr euch auf den Weg begeben würdet, es so schnell wie möglich vorangehen sollte. Wenn ihr zwischen Dualität und Wirklichkeit unterscheiden könnt, geht es schneller, und ihr könnt immer wieder die Zeit beschleunigen, wenn ihr es schafft, egal, in welcher Situation, den Blick weg von der Dualität auf die Wirklichkeit zu richten.

Vor der Planung eurer jetzigen Inkarnation wusstet ihr um diese Tücken.

Zusammen mit einer anderen Seele aus eurer Seelenfamilie habt ihr beschlossen, auf eurem Weg Hilfe in Form eines spirituellen Mentors anzunehmen. Dieser begegnet euch zur rechten Zeit, wie es verabredet war, und er hilft euch zu erkennen, was Wirklichkeit und was Dualität ist.

Ihr müsst den Weg nicht alleine gehen. Dieses Mal habt ihr Hilfe in Form eines menschlichen Mentors, der selbst den Weg gegangen ist und um die Tücken und Herausforderungen des spirituellen Wegs, um die Herausforderungen der Läuterungsprozesse und um die Dunkelheit weiß, bewirkt durch den Schleier des Vergessens, und der klar und deutlich erkennt, was Dualität und was Wirklichkeit ist.

Manche von euch planten eine Verabredung mit einem Mentor, andere verabredeten sich mit mehreren, wieder andere hören jetzt zum ersten Mal davon.

Wir wollen euch daran erinnern, dass ihr nicht vollkommen alleine diesen Weg gehen wolltet, sondern euch selbst einen Mentor helfend zur Seite gestellt habt.

Darum geht es in diesem Buch: Wir wollen euch an eure Verabredung erinnern, weil ihr selbst beschlossen habt, die Zeit zu beschleunigen, und dementsprechend wird auch euer Mentor früher in euer Leben treten als ursprünglich geplant. Wobei einige von euch ihren Mentor bereits gefunden haben.

Auch an diejenigen richten wir unsere Worte, denn ihr alle habt eins gemeinsam: Ihr gehört zu den Seelen, die ebenfalls andere auf ihrem Weg begleiten, denn ihr alle seid Mentoren.

Wir wissen, wer diese Zeilen liest. Wir wissen es.

Begegnung mit dem Mentor

Wer ist der spirituelle Mentor? Mit wem habt ihr euch verabredet?

Der Mentor ist eine Persönlichkeit, die selbst den spirituellen Weg (der Weg hört nie auf) geht und schon viele Situationen durchlebt und erfahren hat. Er ist vollkommen geläutert und weiß um die Tücken des Egos und die Gefahren durch die verschiedenen Stufen des Erwachens sowie um die Läuterungs- und Reinigungsprozesse. Er ist weise, ein Heiler und gleichzeitig ein Medium.

Er empfängt die reinen Botschaften aus der Geistigen Welt und weiß um die Seelenpläne, denn er hat die Fähigkeit, in die Akasha-Chronik hineinzuschauen.

Er weiß um die Gesetzmäßigkeiten des Lebens, kann die Erscheinungen der Dualität einordnen und kennt die Wirklichkeit dahinter. Der Mentor selbst lebt in der Fülle des Lebens – er ist ein Avatar auf Erden, ein göttlich erwachter Mensch mit vielen durchlebten Läuterungs- und Heilungsprozessen.

Der Mentor hat sich vollkommen geheilt und dementsprechend Heilung in allen Bereichen seines Lebens erfahren. Er ist ruhig und in der Klarheit, liebt das Leben und bleibt selbst in heiklen Situationen gelassen, denn er weiß, er selbst hat sich seinen Plan für dieses Leben aufgeschrieben und die Lösungen festgelegt.

Er liebt die Menschen, die Tiere, Lady Gaia und lebt ganzheitlich.

Und er ist voller Liebe und Verständnis für seinen Schützling, denn er selbst hat viel erlebt, vieles loslassen müssen und ist durch viele Prüfungen gegangen.

Er weiß um den Zweifel, die Ängste und die Kämpfe des Lebens.

In der Regel hatte er auch einen Mentor an seiner Seite und voller Dankbarkeit dessen Hilfe angenommen. Der Mentor reicht euch die Hand, wenn ihr im Nebel steht, und führt euch immer wieder in die Klarheit. Auf dem spirituellen Weg treten immer wieder Situationen auf, in denen ihr euch vergesst – in denen ihr vergesst, was ihr in euren Seelenplan hineingeschrieben habt, sodass ihr bestimmte Herausforderungen nicht einordnen könnt. Dann steht ihr im Nebel und verfangt euch im Dickicht. Das ist der Moment, in dem euch euer Mentor an die Hand nimmt und euch hinausführt in die Klarheit, in das Vertrauen, und euch an euren Seelenplan erinnert. In den Momenten, in denen ihr euch wieder in der Klarheit befindet, können die Lösungen in euer Leben eintreten, denn es geht darum, eine Gesetzmäßigkeit des Lebens zu erkennen. Dann kann es weitergehen.

Der Mentor lebt euch vor, was ihr nach dem Durchlaufen der Läuterungsprozesse und der verschiedenen Erwachungsstufen seid: ein Avatar auf Erden, ein göttlich erwachter Mensch auf Erden

Das ist es, was ihr euch vorgenommen habt. Das sind die Ziele eurer Seele.

In diesem Leben wollt ihr die vollkommene Heilung eurer Seele erfahren.

Es geht in ein Neues Zeitalter, in dem der Mensch sich seiner Göttlichkeit wieder bewusst ist. Und ihr wollt jetzt so schnell wie möglich die Heilung erleben und in die Fülle des Lebens eintreten, mit all seinen Geschenken und Wundern. Ihr wollt raus aus der Beschwerlichkeit und der Mühsal des Lebens.

Ihr wollt die Wirklichkeit erkennen und leben und in der Lage sein, den Schleier des Vergessens zur Seite zu schieben.

Es geht um eure Wahrhaftigkeit, endlich anzukommen und das zu leben, was euch in so vielen Inkarnationen nicht möglich war.

Ihr wollt die Fülle des Lebens leben – die Liebe leben. Ihr wollt SEIN.

Viele von euch sind zurzeit müde und erschöpft. Müde des Kämpfens, müde der Sorgen, müde der Ängste.

Erinnert euch: In früheren Inkarnationen hattet ihr eure Tempel, wurdet dort geprüft und habt Einweihungen erhalten. Ihr seid unter Krokodilen geschwommen und ließt euch tagelang in einem Sarkophag oder einen dunklen Raum einsperren. So habt ihr eure Initiationen durchlebt und seid durch eure Läuterungsprozesse gegangen.

Heute sind eure Tempel das Leben selbst. Es sorgt für eure Einweihungsprozesse und Prüfungen, eure Initiationen. Das Leben selbst ist euer Tempel. Früher hattet ihr in euren Tempeln auch immer einen Mentor an eurer Seite, und heute ist es nicht anders.

Jetzt stellt sich euch sicher die Frage, wie die Begegnung mit eurem Mentor stattfinden soll?

Ihr begegnet ihm, weil es so festgelegt ist. Und ihr begegnet ihm beschleunigt, indem ihr in die Absicht geht, ihn zu treffen. Bittet die Geistige Welt um die Begegnung mit eurem Mentor. Es ist ein Ritual, um in die Absicht zu gehen. Dann werdet ihr zu ihm geführt.

Und erschreckt nicht, wenn er einen Ausgleich verlangt. Das ist vollkommen in Ordnung, denn ihr sollt umgekehrt für eure Arbeit auch immer einen Ausgleich erhalten. Das Geben-Nehmen-Verhältnis muss immer stimmen, und es kommt vielfach wieder zu euch zurück. In welcher Form der Ausgleich erfolgt, bleibt euch überlassen.

Den Mentor erkennt ihr daran, dass er euch die Klarheit bringt. Er begleitet euch auf eurem Weg und wird euch zum verabredeten Zeitpunkt auch wieder loslassen. Manche Wegstrecken habt ihr als Seele beschlossen, alleine zu gehen, oder ihr habt euch mit mehreren Mentoren verabredet. Es ist gut so. Mit ihrer Hilfe könnt ihr euren Entwicklungsprozess beschleunigen. Sie helfen euch aufzustehen, stützen euch, wenn ihr strauchelt, und feiern mit euch, wenn ihr die Herausforderungen gemeistert habt. Freut euch auf diese Begegnungen, denn sie werden euch wahren Segen bringen. Sie stehen unter dem Schutz der Geistigen Welt und sind in dieser Zeit wichtiger denn je, denn ihr wollt schnell voranschreiten. Schnell.

Zeitbeschleunigung

Wir haben erwähnt, dass ihr mit Hilfe des Mentors die Zeit beschleunigen könnt.

Aus Sicht der Geistigen Welt gibt es keine Zeit. Alles befindet sich im Hier und Jetzt. Es gibt auch kein lineares Denken. Darum ist Zeit eine Illusion, ein Faktor der Dualität. Ihr habt die Zeit geschaffen, weil ihr in der Dualität eine Orientierung braucht. Dadurch habt ihr euch gleichzeitig ein lineares Denken erschafft. Je mehr ihr euch auf den spirituellen Weg begebt und die Wirklichkeit in euer Leben einziehen lasst, desto mehr werden euer lineares Denken und euer Zeitempfinden durchbrochen, und ihr werdet feststellen: Ihr seid die Zeit.

Niemand kann euch einen exakten Zeitpunkt sagen. Wir werden immer wieder in der Geistigen Welt gefragt: Wann findet der Aufstieg statt?

Wir können es euch nicht sagen, weil ihr als Menschheit diesen Zeitpunkt festgelegt und als Gesamtheit beschlossen habt, den Aufstieg für euer Empfinden so schnell wie möglich herbeizuführen. Deswegen: Ihr seid in der Dualität die Zeit, und ihr legt es fest.

Ihr fragt, wann der berufliche Erfolg eintritt, wann euch die Liebe des Lebens begegnet usw. Wir können es euch nicht sagen, weil ihr als Seelen bestimmt habt, dass zum Beispiel erst dann der berufliche Erfolg eintritt, wenn ihr euch ein Thema angeschaut und geheilt habt, oder dass die Liebe erst dann eintritt, wenn ihr zum Beispiel den Aspekt des Loslassens gelernt habt. Versteht ihr? Ihr habt euch Belohnungen nach der Heilung bestimmter Aspekte festgelegt, und diese können erst eintreten, wenn ihr eure Themen angeschaut habt. Aber ihr werdet diese von euch festgelegten Belohnungen erhalten. Glaubt uns, es tritt alles ein.

Nach jeder gemeisterten Herausforderung folgen die Segnungen und Wunder des Lebens. Wir sind immer bei euch, wir helfen euch, wir führen euch, wir bringen euch immer wieder auf euren Weg, und wir feiern genauso wie ihr, wenn ihr eine Herausforderung gemeistert habt. Doch wir können euch nicht schon vorher den gewünschten Partner oder den finanziellen Erfolg bringen, wenn ihr euch noch nicht die Themen angeschaut habt, die ihr euch als Seele vorgenommen habt.

Wir dürfen nicht in eure Seelenpläne eingreifen – glaubt uns, manchmal würden wir es schon gerne. Wir halten oft den Atem an und beobachten, wie ihr alles meistert. Wir versichern euch: Es ist wunderbar, wie sich das Goldene Zeitalter entwickeln wird.

Wir versichern euch: Ihr werdet wieder den Garten Eden auf Erden erschaffen.

Wir versichern euch: EDEN wird auferstehen.

Und wir sagen euch: Ihr habt in eurer Dualität den Faktor der Zeitbeschleunigung mit eingebaut. Ihr seid die Zeit. Wann die Dinge in euer Leben treten, hängt alleine von euch ab. Das heißt, je schneller ihr euch die Dinge anschaut und erkennt, desto schneller geht ihr durch die Heilungsprozesse und erhaltet eure Belohnungen.

Genauso wisst ihr aber auch um die Möglichkeiten der Zeitbeschleunigung, da ihr Abkürzungen nehmen könnt. Das heißt, ihr habt die Möglichkeit, den vorgegebenen Weg zu verlassen und euch durchs Dickicht zu schlagen.

Dies bewirkt allerdings, dass ihr die ganze Zeit an einem Punkt A gearbeitet habt und wusstet, dass dieser euch auf eurem Weg begegnen würde, und dann bittet ihr plötzlich um eine Zeitbeschleunigung und verlasst die Strecke.

Was geschieht? Genau, ihr verlasst den vorgegebenen Weg, nehmt eine Abkürzung und begegnet dadurch nicht mehr Punkt A. Durch die Abkürzung verliert ihr plötzlich den vorgegebenen Boden unter den Füßen. Es ist dunkel, ihr geratet ins Dickicht, Äste schlagen euch ins Gesicht, und plötzlich kommt Nebel auf. Ihr verliert euch.

Ihr seht nichts mehr, bekommt Angst und bereut, eine Abkürzung genommen zu haben. Punkt A ist nicht mehr da, und die weiteren Punkte nicht erkennbar. Also geratet ihr in Panik und fallt zurück in alte Muster.

Ihr wusstet um diese Tücken der Dualität, bevor ihr diese Inkarnation angetreten habt. Und genau deswegen habt ihr die Verabredung mit eurem Mentor geplant. Euer Mentor nahm auch die Wegabkürzung. Er befand sich auch in der Dunkelheit. Ihm schlugen auch die Äste entgegen, der Nebel stieg auf, er konnte nichts mehr sehen und verlor die Orientierung. Er weiß um diese Gefahr.

Und so, wie ihr es schafft, fand er seinen Weg durch das Dickicht, gelangte wieder auf den breiten Weg und war froh, Punkt A und vielleicht sogar Punkt B übersprungen zu haben und gleich zu Punkt C zu gelangen.

Genau dann, wenn ihr euch im Dickicht befindet, reicht euch euer Mentor die Hand, führt euch in die Klarheit und zeigt euch den Weg.

Es ist vereinbart, dass er euch nicht tragen darf. Gehen müsst ihr selbst, aber er darf euren Weg beleuchten und wenn ihr stehen bleibt, darf er euch anstoßen.

Aber er darf euch nicht tragen und euch auch nicht alles sagen.

Vieles müsst ihr selbst erfahren, selbst herausfinden. Ja, bestimmte Erfahrungen muss er euch machen lassen, weil es euer Seelenplan so vorsieht und nur diese Erfahrungen euch weiterbringen.

Der Mentor ist weise. Er weiß, worüber er reden darf, und genauso weiß er zu schweigen. Aber er ist da und hilft euch, immer wieder zu unterscheiden, was Wirklichkeit und was Dualität ist. Und wenn ihr das erkennt und in die Klarheit kommt, egal, in welcher Situation, habt ihr wieder eine Herausforderung gemeistert, und die Segnungen und Wunder des Lebens können eintreten. So bewegt ihr euch vorwärts.

Der Mentor sorgt dafür, dass ihr nicht stehen bleibt. Er weiß um die Gesetzmäßigkeiten des Lebens, wie Blockaden durchbrochen werden und hilft euch, euch immer wieder an euren Seelenplan zu erinnern. Manchmal muss er jedoch streng sein, denn ihr dürft nicht im Selbstmitleid und Jammern verharren. Wir wissen um eure Herausforderungen, Sorgen, Ängste und Nöte, doch wir wissen auch um eure Stärken, eure Macht, eure Göttlichkeit. Und euer Mentor weiß ebenfalls darum. Deswegen hilft er euch, euch zu erinnern und zu erkennen, wer ihr seid. Und aus diesem Grund habt ihr die Verabredung gerade in dieser Zeit mit eingeplant, damit ihr schneller vorankommt und nicht in der Starre verharrt.

Wir erinnern euch daran, dass ihr zusätzlich noch die Mentoren der Geistigen Welt an eurer Seite habt: Erzengel, Aufgestiegene Meister, Geistführer. Sie sind ebenfalls um euch und führen und leiten euch. Es gibt Seelen unter euch, die sich ganz bewusst in die Hände eines Mentors aus der Geistigen Welt begeben und für sich festgelegt haben, keinen weltlichen anzutreffen.

Sie lassen sich direkt von der Geistigen Welt schulen und in die Klarheit führen. Der für sie Zuständige stellt sich zum verabredeten Zeitpunkt vor.

Die Worte eures weltlichen Mentors sind die Worte der Geistigen Welt. Wir lieben euch unermesslich, ehren, achten und feiern euch für das, was ihr tut, für euer Sein.

Und wir sagen euch: Ihr seid nicht allein. Nein, ihr seid nicht allein. Ihr wart es nie und werdet es nie sein. Wir führen und leiten jeden eurer Schritte. Und wir ermutigen euch, auch die Wegabkürzung zu nehmen. Wir wissen um eure Belohnungen und die Macht der Seelenverträge, das heißt, ihr könnt nicht scheitern. Nein, das geht nicht. Auch wenn ihr andere Erfahrungen gemacht habt, aber da hattet ihr es so festgelegt, weil es euch auf euren Weg ins Wirken bringen sollte. Deswegen: Ihr könnt gefahrlos die Zeit beschleunigen, auch wenn es dunkler und windiger scheint, aber der Lohn ist umso schneller da.

Ihr habt diese Wahlmöglichkeiten so festgelegt. Und genauso habt ihr euren Mentor festgelegt, damit ihr es leichter habt.

Der spirituelle Weg

Der Weg und das Ziel

Ihr begebt euch auf den Weg, und ihr habt ein Ziel. Und wir sagen euch: Der Weg ist das Ziel. Sobald ihr ein Ziel erreicht habt, ergeben sich weitere Wege, ihr geht weiter. Eure Seele möchte erschaffen und wirken, sie möchte keinen Stillstand, sie möchte den Schöpfer durch sich wirken lassen – nur dadurch entsteht Evolution.

Ihr werdet feststellen, dass es euch Freude bereiten wird. Seid ihr erst einmal durch die verschiedenen Stufen des Erwachens gegangen, befindet ihr euch in der vollkommenen Heilung und lebt in der Fülle des Lebens. Es werden euch keine Herausforderungen schrecken, denn ihr befindet euch in der vollkommenen Harmonie und im höchsten Einklang mit eurem Seelenplan. Das Leben ist nicht mehr mühsam, nein, ihr habt gelernt, die Leichtigkeit des Seins zu leben. Leichtigkeit – oh, eure Seele sehnt sich so sehr danach. Sich als göttliches Wesen, als Engel in einem menschlichen Körper zu erfahren und die Visionen des Geistes in die Materie zu bringen. Die Materialisierung eurer Visionen. Auch das habt ihr beschleunigt, ja, die Dinge treten schneller in euer Leben wie noch vor einigen Jahren. Deswegen achtet sorgfältig auf eure Gedanken. Natürlich dürft ihr traurig, wütend und verzweifelt sein. Doch ihr dürft nicht zu lange in diesem Zustand verharren. Seht es als einen Reinigungsprozess, lasst eure Gedanken raus und gebt sie an uns ab. Wir transformieren alles für euch, damit sie sich nicht in Lady Gaia verankern und zu euch zurückkehren. So ist es für euch einfacher.

Hegt ihr negative Gedanken über einen Menschen und schafft es nicht, den Blick auf die Wirklichkeit zu richten, dann bittet uns um Hilfe. Dadurch wird euer Heilungsprozess zusätzlich beschleunigt. Wichtig ist für euch zu erkennen, dass ihr euch aus diesen Gedanken und Gefühlen etwas anschauen sollt.

Seid ihr bereits zu eurem Mentor geführt worden, besprecht alles mit ihm, damit er euch in die Klarheit führt. Habt ihr einen Mentor aus der Geistigen Welt gewählt, besprecht alles mit diesem. So geht ihr in die Absicht, und Heilung kann stattfinden.

Wir wissen um eure Herausforderungen. Wir wissen darum. Ihr geht keinen einzigen Schritt allein, keinen einzigen.

Und wir sagen euch: In dem Moment, in dem ihr in die Absicht geht, eurem Seelenplan zu folgen und ihn anzunehmen, geht ihr in die Heilung.

Zuerst müsst ihr euch dessen bewusst sein, dass ihr, bevor ihr in diese Inkarnation eingetreten seid, zusammen mit eurer Seelenfamilie einen Plan für euer Leben festgelegt hattet.

In diesem Plan stehen die vollkommene Heilung und die Transformation all eurer Ängste. Er beinhaltet die Situationen und Herausforderungen, die euch auffordern, eure Ängste und Traumen anzusehen. Ebenfalls stehen dort eure Belohnungen, die ihr erhaltet, nachdem ihr euch alles angeschaut und geheilt habt.

Und diese Belohnungen sind bei jedem von euch, ohne Ausnahme, ein selbstbestimmtes, erfülltes Leben in allen Bereichen. Ein Leben in Liebe und Fülle, wie auch immer die Seele es für sich selbst definiert hat. Es gibt keine Maßstäbe dafür, was die Fülle des Lebens für jeden Einzelnen ist. Es geht um die Erfahrung des Schöpfers.

Der Schöpfer kann sich in der absoluten Stille und Ruhe der Meditation erfahren, in der Disco, beim Fußballspiel, egal, wo und als was. Er erfährt sich überall und in jedem.

Es gibt keinen Maßstab für Glück, Fülle und Reichtum. Darum geht es nicht. Es geht um das Sein, um die Erfahrung im Hier und Jetzt – um die Verwirklichung dessen, was die Seele für diese Inkarnation geplant hat.

Vielleicht hat sie die Gründung eines Hauses der Heilung für sich festgelegt oder erfährt absolute Ruhe und Harmonie in der Stille, in der Meditation.

Es gibt einige höchst angesehene, uralte weise Seelen an geheimen Orten auf eurem Planeten. Sie beten und verharren jeden Tag in der Stille, und durch ihre Gebete bewirken sie viele Wunder für die Menschheit. Sie konnten bereits einiges abwenden und für euch transformieren. Alleine durch ihre Gebete sorgten sie für eine beschleunigte Schwingungserhöhung für Lady Gaia und die Menschheit.

So kraftvoll ist die Stille, so machtvoll das Gebet. Reine Bündelung der Gedankenkraft – ohne Aktion, ohne Laut, ohne Hilfsmittel. Die pure Bündelung der Gedankenkraft in der Schwingung der bedingungslosen Liebe. Da entstehen Energien.

Seht ihr, wie machtvoll ihr seid? Jeder, der bewusst in die Absicht geht, seinem Seelenplan zu folgen und ihn umzusetzen, beschleunigt nicht nur seinen Heilungsprozess, sondern den der kompletten Menschheit und von Lady Gaia.

Das Gehen und Erkennen eures Weges ist so wichtig wie noch nie – wie noch nie.

Es geht um die Erschaffung neuer Strukturen für das Goldene Zeitalter.

Ihr tragt die Lösungen in euch. Eure Wege sind alle auf dieses Goldene Zeitalter ausgerichtet, deswegen sind die Transformationsprozesse auch schwierig und teilweise leidvoll. Es geht um eure komplette Heilung, eure vollkommene Heilung.

Und hinzu kommt eure selbst gewählte Zeitbeschleunigung.

Deswegen lasst euch helfen auf eurem Weg. Nehmt die Hilfe eures Mentors an.

Eure Seele weiß um die Herausforderungen auf eurem Weg, und euer Mentor auch.

Herausforderungen auf dem Weg zum Erwachen

Ihr habt beschlossen, euren Weg zu gehen, dem Ruf eurer Seele zu folgen, euch zu heilen, ein selbstbestimmtes, authentisches, wahrhaftiges Leben zu führen, das eurer Persönlichkeit entspricht. Ihr habt einen Kern in euch gesät, und dieser Kern möchte sich entfalten. Wie aus einem Samenkorn ein Baum entsteht, je nachdem eine Fichte, eine Eiche, eine Buche. Mit Erstaunen nehmt ihr wahr, wie aus einem kleinen Samenkorn ein solch prachtvolles großes Wesen wie ein Baum entstehen kann. Je günstiger die Bedingungen, desto besser kann er sich entfalten und wachsen und das ganze Potenzial nutzen, das in diesem Samenkorn angelegt ist. Genauso ist es bei euch. Ihr müsst euch die Bedingungen schaffen, damit ihr das ganze Potenzial, das ihr in euch gesät habt, leben könnt. Was seid ihr? Seid ihr im übertragenen Sinn die Buche oder die Eiche? Was ist das Potenzial in euch, und wie könnt ihr es voll und ganz zum Erblühen bringen?

Dazu müsst ihr wie immer in die Absicht gehen. Geht in die Absicht, das ganze Potenzial in euch voll und ganz zu entfalten.

Sprecht folgende Worte:

»Ich gehe in die Absicht, dem Ruf meiner Seele zu folgen und alles, was ich in dieser Inkarnation an Talenten und Fähigkeiten in mir angelegt habe, voll und ganz zu entfalten.

Ich bitte die Geistige Welt, mir jeden Schritt, den ich gehen soll, zu offenbaren.

Ich bitte, die Ziele meiner Seele klar zu erkennen.«

Ein Baum kann nur dann sein volles Potenzial zur Entfaltung bringen, wenn die Bedingungen stimmen. Das heißt, die Lichtverhältnisse müssen stimmen, die Wurzeln genügend Wasser aufnehmen können, und die Zusammensetzung des Bodens muss entsprechend sein, um wachsen zu können.

Bei euch ist es nicht anders. Geht ihr in die Absicht, alles zu entwickeln und zu leben, was in euch angelegt ist, müssen erst die Bedingungen für euer Wachstum stimmen. Das heißt, ihr müsst euch als Erstes von Dingen befreien, die euer Wachstum behindern. Der Anfang des Weges ist gekennzeichnet von Reinigungsprozessen.

Alles, was nicht mehr zu euch gehört und für eure weitere Entwicklung nicht mehr zuträglich ist, müsst ihr loslassen. Wir wissen, es sind keine einfachen Prozesse, doch wir führen euch.

Es kann einen Bereich eures Lebens erfassen, es können auch gleichzeitig mehrere Bereiche sein. Ihr als Seele habt es so festgelegt. Ihr könnt keine Fehler machen, indem ihr das Falsche loslasst. Wenn ihr vor Wahlmöglichkeiten steht, werdet ihr die richtigen Entscheidungen treffen. So stark ist eure Führung.

Was ihr könnt ist, die Dinge zu beschleunigen. Darum ist es so wichtig, in die Absicht zu gehen.

Wir haben von Herausforderungen gesprochen. Diese bestehen immer wieder im Loslassen. Immer wieder. Sie bestehen darin, euch anzuschauen, was Wirklichkeit und was Dualität ist. Sie bestehen darin, euch anzuschauen, welche Egospiele jetzt gespielt werden und wie sie transformiert werden können. Sie bestehen darin, immer wieder zu erkennen, was das Umfeld zeigen will, welcher Spiegel euch vorgehalten wird. Gefällt der Spiegel, oder muss etwas verändert werden?

Die Herausforderungen bestehen darin, sich an euren Seelenplan zu erinnern.

Wie erinnert ihr euch an euren Seelenplan? Genau, indem ihr in die Absicht geht.

In diesem Moment seid ihr schon offen für die Führung und achtet besser auf die Zeichen, die wir euch senden.

Es gibt unterschiedliche Möglichkeiten, eurem Seelenplan zu folgen.

Manche von euch sind sich bestimmter Ziele bewusst und verfolgen sie geradlinig, andere wissen nicht um ihre Ziele. Sie spüren einen Zug, eine Führung, aber sie wissen nicht, wohin. Also beschließen sie, sich zu dem Weg führen zu lassen, den die Seele für sie vorgesehen hat. Wieder andere schreiben sich bewusst ihre Ziele auf und sprechen Affirmationen, um sie zu erreichen.

Wir sagen euch: Beides ist in Ordnung. Denn ihr als Seele habt selbst festgelegt, wie ihr euch führen lassen wollt, entweder indem ihr euch die Ziele selbst setzt oder das Leben so nehmt, wie es kommt.

Entscheidend ist, dass ihr in die Absicht geht, alles zu verwirklichen, was ihr euch vorgenommen habt. Die Absicht. Es ist so wichtig, dass ihr in die Absicht geht.

Ihr fragt euch jetzt: Warum? Es wird sich doch sowieso alles erfüllen, was wir uns vorgenommen haben. Und wir sagen euch: Ja, das stimmt. Aber wir sagen euch auch: Ihr habt alle um Hilfe, um Gnadenenergie gebeten. So oft ruft ihr: Herr, warum, warum? Warum widerfährt mir jenes? Warum trage ich solch eine Sehnsucht in mir und kann sie nicht greifen? Warum? Und deswegen sprechen wir zu euch, weil ihr alle um Hilfe gerufen habt und viele Dinge aufgrund des Schleiers des Vergessens nicht mehr einordnen könnt. Weil ihr die Orientierung verloren und euch doch gerade in dieser Inkarnation so vieles vorgenommen habt.

Voller Begeisterung habt ihr dieses Leben geplant und eure Herausforderungen und euren Heilungsprozess festgelegt – die vollkommene Heilung auf allen Ebenen. Ihr habt in dieses Leben so viele Herausforderungen, Heilungen und Belohnungen hineingepackt.

Aber in der Dualität seid ihr Menschen, umhüllt mit dem Schleier des Vergessens.

Und als Mensch fallt ihr immer wieder ins Leiden zurück. Und der Teil von euch, der in der Geistigen Welt ist, euer Höheres Selbst, sieht natürlich auch diesen menschlichen Aspekt, und deswegen sprechen wir zu euch: um euch zu erinnern.

- Wir sprechen zu euch, um euch schneller durch die Prozesse zu führen, weil ihr um die Zeitbeschleunigung gebeten habt.
- Wir sprechen zu euch, um euch an eure Seelenpläne zu erinnern.
- Wir sprechen zu euch, um euch an die Lösungen zu erinnern, die ihr für jede Herausforderung festgelegt habt.
- Wir sprechen zu euch, um euch an eure Belohnungen zu erinnern.
- Wir sprechen zu euch, um euch an die Hilfen zu erinnern, die ihr auf eurem Weg festgelegt habt.
- Wir sprechen zu euch, um euch daran zu erinnern, dass ihr nicht alleine seid.
- Wir sprechen zu euch, weil ihr um Zeichen gebeten habt.

Es ist kein Zufall, dass wir in diesem Moment zu euch sprechen. Nein, es ist kein Zufall. Wir kennen jeden Einzelnen von euch und können jeden beim Namen nennen. Ihr seid selbst Engel, die sich bereit erklärt haben, zu inkarnieren. Viele von euch mussten nicht mehr inkarnieren – aber ihr wolltet. Ihr wolltet euren Beitrag leisten zum Aufstieg der Menschheit und Lady Gaia.

Ja, ihr wart alle nicht mehr zu bremsen. Daran möchten wir euch erinnern.

Dachtet ihr, ihr inkarniert wieder, obwohl ihr es nicht mehr müsst, um ein Leben ohne Fülle und Liebe zu leben? Dachtet ihr das wirklich?

Wir wissen, in welcher Situation manche von euch sind. Viele sind in unglücklichen Ehen oder in einer finanziell ausweglosen Lage.

Manche von euch erlebten Jahre der finanziellen Fülle, haben sich womöglich in harter Arbeit eine Firma aufgebaut und mussten den finanziellen Ruin erleben. Wiederum andere verloren ihre Arbeit und finden schon seit einem längeren Zeitraum keinen neuen Arbeitsplatz.

Wir wissen, dass viele von euch zurzeit finanzielle Probleme haben. Wir wissen darum. Und wir sagen euch: Es ist nicht von Dauer, nein, es ist nicht von Dauer.

Ihr selbst habt festgelegt, diese Erfahrung zu machen. Genauso habt ihr die Erfahrung festgelegt, aus dem »Nichts« heraus wieder etwas Neues aufzubauen, auch wenn ihr vom Verstand her nicht wisst, wie es gehen soll. Doch auch für solche scheinbar ausweglosen Situationen habt ihr eure Lösungen festgelegt. Kein Zustand bringt euch mehr in die Starre als finanzielle Herausforderungen oder der Verlust all dessen, was ihr euch aufgebaut habt.

Wir wissen darum, es ist für euch wie sterben. Und wir sagen euch: Ihr begebt euch dadurch auf eine nächst höhere Ebene. Eure Seele hat sich diese Erfahrung ausgesucht, um daran zu wachsen. Ihr werdet wieder in die finanzielle Fülle geführt.

Es werden euch nach und nach Ideen, Chancen und Menschen zugeführt, die euch dort wieder herausholen. Ihr macht die Erfahrung, euch aus der Starre herauszubewegen, und plötzlich öffnen sich euch wieder Türen. Das wolltet ihr erfahren.

Darum sprechen wir zu euch, um euch zu erinnern. Wir wollen euch erinnern, damit ihr schneller voranschreiten könnt, damit ihr schneller in die Klarheit kommt.

Zurzeit geht ein Aufschrei von euch aus. Vielen von euch ist es in der Dualität zu schwer geworden. Ihr habt eure Seelenpläne vergessen.

Darum reden wir mit euch und wiederholen auch so vieles. Aber es ist wichtig, um euren Verstand zu durchbrechen und euer Ego zu transformieren.

Es ist wichtig. Während ihr diese Zeilen lest, arbeiten wir mit euch. Wir durchfluten euch mit Gnadenenergie und führen euch Heilungsenergie zu. Christus selbst durchströmt euch mit gold-weißem Licht. Erzengel Michael durchtrennt mit seinem goldenen Schwert alles, was an euch haftet und euch nicht mehr dienlich ist – immer in dem Ausmaß, wie eure Seele es zulässt. Erzengel Chamuel kümmert sich um die gebrochenen Herzen, und Erzengel Uriel unterstützt euch bei beruflichen Veränderungen. Es sind nur wenige, die hier genannt sind, aber doch so viele, die um euch versammelt sind und mit euch arbeiten.

Jeder von euch hat um sich seinen »Trupp« Erzengel, Schutzengel, Aufgestiegene Meister, Geistführer und Krafttiere versammelt. Sie alle arbeiten intensiv mit euch, während ihr diese Zeilen lest. Deswegen bitten wir jeden Einzelnen von euch, diese Zeilen mit geöffnetem Herzen zu lesen.

Denkt mit dem Herzen und spürt mit dem Verstand.

Wir wissen, wer diese Zeilen liest, oh ja, wir wissen es. Wir kennen euch. Wir sind Familie. Und die Familie aus der Geistigen Welt reicht euch die Hand durch den Schleier des Vergessens. Wir reichen euch die Hand und flüstern euch ins Ohr:

- Erinnere dich, Schwester. Erinnere dich, Bruder.
- Erinnere dich.
- Erkenne, wer du bist.
- Erkenne dich.
- Erinnere dich an deine gottgegebene Kraft und wende sie wieder an.
- Spüre klar.
- Wisse klar.
- Erinnere dich.
- Erkenne dich.
- Erhebe dich.
- Steh' auf.
- Geh' vorwärts.

Wir begleiten euch. Wir sind bei euch.

Ihr habt um Zeitbeschleunigung gebeten, wollt schneller durch die Heilungsprozesse gehen und schneller die Belohnungen eurer Seele erhalten als geplant.

Und die Geistige Welt applaudiert und jubelt über diesen Entschluss.

Wir wissen allerdings auch, dass eine schnellere Gangart den Gegenwind verstärkt. Das heißt, ihr bewegt euch schneller vorwärts, was auch mehr Kraft von euch erfordert, da sich die Gegenkraft entsprechend vergrößert.

Wir wissen darum. Deswegen haben wir beschlossen, direkt zu euch zu sprechen.

Die Zeilen unserer Botschaften sind stark energetisiert. Wir arbeiten direkt mit euch über diese Zeilen, angepasst an euren Lichtkörper, und lösen so gemeinsam mit euch Blockaden auf. Wir transformieren euer Ego und nehmen euch nach und nach den Schleier des Vergessens. Und wir bitten euch: Wenn ihr euren Weg geht, bleibt nicht stehen.

Bleibt nicht stehen. Vertraut. Vertraut. Ihr werdet immer Hilfe erhalten.

Begebt euch in die Hände eures Mentors, egal, ob dieser aus der Geistigen Welt ist, oder es sich um einen weltlichen Mentor handelt.

Wenn ihr den Weg des Erwachens beschreitet, auf dem ihr erkennt, wer ihr wirklich seid, wird euer Ego alles tun, damit ihr nicht erwacht. Und wir sagen euch:

Ihr werdet erwachen, jede Herausforderung meistern und alle Ziele verwirklichen, die ihr euch vorgenommen habt.

Ihr werdet das Goldene Zeitalter erschaffen, und die Menschheit und Lady Gaia werden vollkommen in die Heilung gehen.

Immer, wenn ihr ängstlich seid, wenn ihr euer Vertrauen verloren habt, wenn ihr zweifelt – ja, wenn ihr sogar nicht mehr leben wollt, erlebt ihr gerade einen Angriff eures Egos. Wir wollen euch daran erinnern.

Diese Momente entsprechen nicht der Wirklichkeit. Es sind Momente des Egos, in denen ihr uns nicht mehr hören und spüren könnt und unsere Zeichen nicht wahrnehmen wollt. Ego versucht, euch zum Straucheln und Fallen zu bringen. Darum habt ihr euch mit eurem Mentor verabredet. Er bringt euch wieder in die Klarheit. Nehmt diese Hilfe an, geht in die Absicht, euch für euren Mentor zu öffnen.

Der spirituelle Weg zum Erwachen gleicht oft einer Gratwanderung, aber er bringt euch das Glück, die Liebe, die Fülle.

Ihr seid mächtige Engel. Erinnert euch.
Ihr habt die Herausforderungen auf eurem Weg
selbst festgelegt. Erinnert euch.
Ihr habt die Lösungen selbst festgelegt.
Erinnert euch.
Ihr habt die Belohnungen festgelegt.
Erinnert euch.
Ihr habt beschlossen, als göttlich erwachter Mensch
auf Erden zu wirken. Erinnert euch.

Erwachen

Der erwachte Mensch

Was bedeutet Erwachen? Früher habt ihr oft den Begriff Erleuchtung benutzt. Diejenigen, die früher Erleuchtung erlangt hatten, mussten nicht selten ihren Körper verlassen, weil die Energien in eurer Dreidimensionalität nicht zu halten waren. Mit der zunehmenden Schwingungserhöhung könnt ihr diese hohen Energien jedoch in euch tragen, ohne euren Körper verlassen zu müssen. Viele von euch haben ein falsches Verständnis von Erwachen und Erleuchtung. Sie denken, dieser Prozess würde wie ein Feuerwerk erfolgen, sie wären komplett anders und nicht mehr in der Lage, ein alltägliches Leben zu führen. Sie meinen, sie wären komplett befreit vom Schleier des Vergessens und ohne Ego.

Und wir sagen euch: Es ist anders, als ihr denkt. Erwachen ist ein kontinuierlicher und stiller Prozess. Viele von euch merken nicht einmal, wenn sie erwachen.

Er folgt in kleinen Schritten und verschiedenen Stufen, die noch erläutert werden.

Ihr erwacht nicht mit einem Paukenschlag und großem Brimborium. Nein, ihr erwacht leise, in vielen kleinen Schritten, aber mit großer Wirksamkeit.

Der erwachte Mensch ist im Hier und Jetzt. Er geht der Tätigkeit, dem Wirken nach, die sich seine Seele vorgenommen hat und die ihm große Freude und Erfüllung bringt.

Der erwachte Mensch ist Heiler und Bäcker. Er ist Philosoph und Architekt. Er ist Bauer und Geschäftsinhaber. Er verkauft Autos und Fernsehgeräte. Er produziert Fanartikel, tritt auf in Jazzklubs, fährt LKW und ist Hotelbesitzer. Es spielt keine Rolle, was ihr arbeitet und wohin euch euer Weg führt. Es ist entscheidend, dass ihr in eurer Tätigkeit voll und ganz der Mensch sein könnt, der ihr wirklich seid.

- Es ist entscheidend, dass ihr in der Tätigkeit, die ihr ausübt, wirkt und euch nicht abmüht.
- Es ist entscheidend, dass ihr in eurer Tätigkeit keinen Zwängen ausgesetzt seid.
- Es ist entscheidend, dass ihr in eurer Tätigkeit genau das leben könnt, was ihr seid: ein göttlich erwachter Mensch auf Erden.

Wir können es nicht oft genug wiederholen, und wir bitten euch bezüglich eures Erwachungsprozesses: Befreit euch von den Vorstellungen, wie dieser sein soll. Es kommt sowieso anders, als ihr es euch vorstellt.

Der spirituelle Weg ist ein individueller. Genauso ist der Erwachungsprozess ein individueller Prozess. Er verläuft bei jedem anders.

Ihr habt es für euch festgelegt, daher orientiert euch nicht an den anderen.

Eins habt ihr alle gemeinsam: Ihr geht den spirituellen Weg zum göttlich erwachten Menschen auf Erden. Und wir sagen euch: Der Weg hört nie auf, es gibt keinen Stillstand. Ihr geht immer weiter. Und es bereitet euch Freude. Ihr liebt die Herausforderungen und freut euch auf eure Belohnungen.

Je weiter ihr voranschreitet und die ersten Erwachungsstufen durchlauft, desto leichter werdet ihr in der Wirklichkeit verweilen können.

Ihr werdet euch immer mehr von eurem Ego befreien, dementsprechend wird euer Weg harmonischer und leichter verlaufen. Habt ihr es einmal erkannt, werdet ihr es lieben, eure Schöpferkraft zu leben.

Wir wollen euch lediglich von falschen Vorstellungen bezüglich des Erwachungsprozesses befreien. Viele von euch merken noch nicht einmal, wenn sie erwacht sind oder wieder eine Erwachungsstufe durchschritten haben.

Mit dem Durchschreiten der Erwachungsstufen werdet ihr immer klarer. Ihr könnt unsere Botschaften besser empfangen und seid euch immer mehr bewusst, welche eure Fähigkeiten sind und wie eurer Leben aussehen soll.

Ihr nehmt eure Wünsche ernster, haltet euch mehr in der Wirklichkeit auf, könnt die Egospiele der Dualität durchschauen und fühlt euch nach und nach befreiter. Ihr führt ein selbstbestimmtes Leben und seid geheilt. Euer Leben erfährt Heilung in allen Bereichen – in allen Bereichen.

Und wir sind eure ständigen Begleiter. Wir nehmen euch an die Hand, wir führen euch, wir senden euch Zeichen. Wenn ihr unsere Zeichen nicht wahrnehmen könnt, senden wir sie euch über eure Mitmenschen, indem wir ihnen die Worte in den Mund legen, um euch aufmerksam zu machen. Seid ihr unsicher, wenn ihr eine bestimmte Richtung einschlagt, dann schicken wir euch Menschen, die euch ermutigen und an euch glauben. Wir lassen euch nicht allein. Ihr wart es nie und werdet es nie sein.

Und zum rechten Moment werdet ihr zu eurem Mentor geführt. Er wird euch begleiten, so, wie ihr es vereinbart habt. Es spielt keine Rolle, ob es sich um einen weltlichen oder einen Mentor aus der Geistigen Welt handelt.

Die Geistige Welt möchte auf eine häufige Fragestellung aufmerksam machen.

Viele von euch meinen, sie müssten uns sehen und fragen immer wieder: Wann komme ich in die Hellsicht, wann sehe ich euch? Auch hier möchten wir euch von falschen Vorstellungen befreien. Die Wirklichkeit besteht aus Farben und Klängen.

Natürlich können einige von euch uns sehen, indem wir uns äußerlich ihrer Vorstellung anpassen. Aber wir sagen euch: Ihr müsst uns nicht sehen. Und wir bitten euch: Setzt euch nicht unter Druck. Es gibt so viele Möglichkeiten, wie ihr uns wahrnehmen könnt.

Viele von euch fühlen uns. Ehrt eure Hellfühligkeit. Wir sprechen mit den meisten von euch über Telepathie. Nehmt bitte eure Gefühle ernst. Wir reden immer mit euch, und ihr spürt uns ständig. Achtet darauf, wenn ihr plötzlich eine Gänsehaut bekommt oder euch ein Schauer durchrieselt. Achtet auf euer Körpergefühl, ihr könnt uns hervorragend wahrnehmen. Befreit euch von den Vorstellungen, wie ihr uns wahrnehmen sollt. Legt euch keine Grenzen auf.

Es gibt so viele Möglichkeiten, uns wahrzunehmen. Dazu müsst ihr uns nicht sehen.

Alles hat seine Gründe. Hellsicht erfolgt auf vielen Wegen. Hört auf, euch unter Druck zu setzen. Es erfolgt alles so, wie es sein soll. Auch die Art und Weise, wie ihr uns wahrnehmt, habt ihr selbst festgelegt.

Deswegen vertraut auch da. Vertraut eurer Hellfühligkeit.

Oh ja, wir wissen, wer diese Zeilen liest. Wir wissen es. Wir können jeden von euch beim Namen nennen. Wenn ihr wüsstet, wie strahlend eure Lichtkörper aussehen.

Ihr wärt erstaunt über eure Größe und Herrlichkeit, über die Farbenpracht.

Jeder im Universum erkennt euch an euren Farben. Es sind die Farben der Lichtarbeiter, die beschlossen haben, den schönsten Planeten des Universums zu retten und ins Goldene Zeitalter zu führen. Als ihr inkarniert seid, wusstet ihr nicht, wie es ausgehen würde. Die Menschheit hatte eine Wahlmöglichkeit: die Vernichtung oder die Heilung des Planeten. Ihr als Gesamtheit habt euch für die Heilung entschieden.

Ihr seid inkarniert im vollen Bewusstsein dessen, dass es auch zu einem Armageddon hätte kommen können. Doch dieses wird nicht stattfinden.

Der Eintritt ins Goldene Zeitalter wird vollzogen, und ihr habt alle den Weg zur kompletten Heilung von euch und Lady Gaia angetreten.

Die Geistige Welt verneigt sich vor euch und eurer Größe.

Die verschiedenen Stufen des Erwachens

Wenn ihr euren spirituellen Weg des Erwachens, den Weg zum göttlich erwachten Menschen auf Erden, beschreitet, durchlauft ihr mehrere Erwachungsstufen.

Ihr müsst euch dessen bewusst sein, dass ihr euch immer weiterentwickelt, wie auch wir in der Geistigen Welt. Das Leben ist Evolution. Es hört nie auf.

Wir möchten euch an dieser Stelle erklären, wie Gott als Schöpfer wirkt.

Gott erschafft, indem er ausatmet. Wie ihr. Ihr atmet ein und aus, ein und aus.

Wir sagen euch an dieser Stelle: Lernt, bewusst zu atmen. Im Atem liegt das SICH-BEWUSST-SEIN. Dadurch könnt ihr euch in die Ruhe bringen, Antworten erhalten, die Zeit beschleunigen. Der Atem bringt euch Heilung und Klarheit.

Das richtige Atmen wird euch in vielen Meditationstechniken erklärt, und es ist sehr wichtig, dass ihr euch wieder angewöhnt, richtig zu atmen. Deswegen sind gerade die sanften Sportarten für euch so heilsam, wie Laufen, Walken, Schwimmen, Yoga und viele mehr. Sportarten, bei denen ihr automatisch richtig atmet. Ihr habt euch im Laufe eurer Zeit zu Kurzatmern entwickelt. Auch das wird wieder anders. Ihr müsst euch wieder daran erinnern, aus dem Bauch heraus zu atmen.

Euer Geist wird automatisch klarer und ruhiger. Ihr kommt in die Ruhe. Ängste können besser losgelassen werden. Eure Zellen und euer ganzer Körper werden besser mit Sauerstoff versorgt, und ihr fühlt euch frischer, zentrierter, aufgeräumter.

Ihr könnt besser Visionen und Lösungen empfangen.

Mit dem richtigen Atem befindet ihr euch automatisch im Schöpfungsprozess.

Wie gesagt, Gott erschafft, indem er atmet.

Seit der Erschaffung eures wunderschönen Planeten und des Universums, in dem ihr lebt, atmet Gott aus. Wir wissen, wie schwer ihr das mit eurem Verstand erfassen könnt. Wir wissen darum. Deswegen nehmt es einfach hin.

Gott kann auch den Atem anhalten, dann verläuft der Evolutionsprozess langsamer, oder es ist eine Art Schöpferpause. Wir wissen, wie schwer es für euren Verstand ist.

Warum sollte Gott den Atem anhalten, wenn er doch in einem ständigen Schöpfungsprozess ist? Er muss ihn manchmal anhalten, wenn die Menschheit vor einer großen Entscheidung steht. Dies war 1987 der Fall, das Datum der sogenannten »Harmonischen Konvergenz«. Diese Botschaften wurden euch bereits durch einige Medien durchgegeben. In der »Harmonischen Konvergenz« wurde jede Seele auf Erden befragt, ob sie sich für den Aufstieg und die Rettung des Planeten Erde entscheidet. Ihr habt euch für die Rettung des Planeten entschieden, und seitdem atmet Gott wieder aus.

In dem Moment, in dem Gott einatmet, geht alles zurück zur All-Ein-Heit.

Es ist ein Zustand der vollkommenen Einheit und des ALL-EINS-SEINS.

Dann wird wieder Gott anfangen auszuatmen, und ein erneuter Schöpfungsprozess wird in Gang gesetzt.

Gott wollte zur Zeit von Atlantis einatmen, das Experiment Erde drohte zu scheitern.

Der Machtmissbrauch und die Dunkelheit waren zu groß.

Große Würdenträger und Erzengel, Aufgestiegene Meister aus dem ganzen Universum baten Gott, weiter auszuatmen. Doch in dieser Phase hielt Gott den Atem an. Es kam die Sintflut. Atlantis musste sinken. Es war die einzige Möglichkeit.

Gott atmete weiter. Wieder bekam die Menschheit eine Chance zur Heilung.

Gott sandte seinen Sohn. Wieder eine Chance zur Heilung, doch die Menschheit wollte es noch nicht annehmen. Jetzt, über 2000 Jahre später, ist die Menschheit so weit. Gott atmet weiter aus. Es geht in das Neue Zeitalter, und jeder von euch leistet seinen Beitrag dazu.

Deshalb seid euch eures Atems bewusst – wie oben, so unten.

Wenn ihr richtig atmet, könnt ihr leichter erschaffen, seid ihr besser mit euch in Kontakt.

Ihr durchlauft verschiedene Erwachungsstufen, und jeder von euch erlebt diese Stufen anders. Sie laufen ineinander über. Während ihr diese Stufen durchlauft, erhaltet ihr viele Einweihungen. Euer Körper wird neu ausgerichtet, eure Zellen werden umprogrammiert. Ihr verändert euch. Euer Umfeld verändert sich. Durch die Stufen hindurch werdet ihr im Laufe der Zeit anders atmen, anders gehen. Eurer Gang wird leichter, eure Haltung aufrechter. Euer Äußeres wird sich verändern. Ihr werdet euch verjüngen und werdet strahlender.

Ihr seid nicht mehr der Mensch wie zu Beginn eurer Reise. Es sind folgende Phasen, die ihr durchlebt, es sind Anhaltspunkte. Wir wollen noch einmal darauf aufmerksam machen, dass der Weg nie aufhört, dass ihr euch in einem ständigen Schöpfungsprozess befindet, dass ihr immer wieder Phasen durchlauft, jeweils auf der nächsthöheren Stufe. Die Stufen, die wir euch hier aufzeigen, sind die Phasen, die ihr zum Übergang ins Goldene Zeitalter erfahrt.

Die Kindheit

Ihr tretet ein in dieses Leben. Aus der Geborgenheit der Wirklichkeit tretet ihr durch den Geburtskanal in dieses irdische Leben. In dem Zeitraum zwischen Zeugung und Geburt seid ihr noch vollständig in der Geistigen Welt eingetaucht, bereitet euch noch vor auf den Eintritt in die Dualität. Ihr verlasst das Licht der Wirklichkeit und tretet ein in das Licht der Dreidimensionalität. Für viele von euch ist es trotz intensiver Vorbereitung ein Schock, denn ihr müsst euch erst wieder an die Enge des materiellen Körpers gewöhnen. Deswegen seid ihr auch so oft auf Reisen. Ihr reist immer wieder in die Wirklichkeit und werdet von uns in Licht getaucht. Darum braucht ihr viel Schlaf.

In dieser Phase seid ihr eingehüllt in die Liebe der Geistigen Welt und eingebettet in die Liebe der irdischen Eltern. Wir sind die ganze Zeit um euch, und ihr könnt uns sehen.

Alle Sinne sind noch auf die Wahrnehmung der Geistigen Welt ausgerichtet.

Ihr seid euch vollkommen bewusst, wer ihr seid. Ihr werdet geboren und seid erwacht.

Ja, als Babys und Kleinkinder wisst ihr noch, wer ihr seid. Ihr spielt mit den Gefährten aus der Geistigen Welt, sprecht mit eurem Schutzengel. Die Geistige Welt ist für euch greifbarer als das irdische Leben. Ihr protestiert, wenn ihr aus dem ständigen Kontakt zu uns herausgerissen werdet. Ihr protestiert gegen Zwänge, gegen Gesetzmäßigkeiten und versucht, euer Umfeld aufmerksam zu machen – auf uns.

Und ihr seid traurig, wenn ihr seht, dass euer Umfeld uns nicht sehen kann.

Im Laufe der Zeit tretet ihr immer mehr ein in die Dualität, gewöhnt euch an euren Körper, an euer irdisches Leben, und der Begleiter in der Dualität, euer Ego, taucht auf. Es muss so sein, denn ihr habt euch vorgenommen, Ego zu transformieren, also verabredet ihr euch mit Ego.

Mit dem vermehrten Eintritt in die Dualität taucht ihr immer mehr in den Schleier des Vergessens ein.

Ja, die Voraussetzung für Erwachen ist das Schlafen, zugedeckt mit dem Schleier des Vergessens. Deswegen ist das Vergessen eine der Phasen auf dem Weg zum Erwachen. Ihr lebt in der Dualität, also müsst ihr beide Pole kennen und erfahren.

Die Suche

Ihr durchlauft eure Kindheit, tretet ein ins Erwachsenenalter und macht euch Gedanken darüber, welcher Beruf zu euch passt. Dann beginnt ihr mit einer Ausbildung oder einem Studium.

Es stellt sich euch die Frage: Was passt zu mir? Wie soll mein Leben aussehen? Jetzt entdeckt ihr euer Leben neu und zieht aus dem Elternhaus aus.

Dann fangt ihr an, euch euer eigenes Leben aufzubauen. Es ist der Beginn einer ersten Suche.

Ihr versucht herauszufinden, wer ihr seid, wie euer Leben aussehen soll und schlagt eine bestimmte Richtung ein. So folgt ihr von Anfang an machtvoll eurem Seelenplan.

Ihr folgt den einzelnen Punkten, die euer Seelenplan für euch vorgesehen hat, auch wenn ihr euch dessen nicht bewusst seid. Dementsprechend hat jeder von euch seine Herausforderungen, wird immer wieder in bestimmte Situationen geführt, um sie sich anzuschauen. Ihr habt es euch selbst festgelegt, um daran zu wachsen. Nichts in eurem Leben ist Zufall, es unterliegt alles der göttlichen Führung.

Ihr seid jedoch eingetaucht in den Schleier des Vergessens. Manche von euch haben sich schon längere Zeit mit der Geistigen Welt beschäftigt, andere werden dorthin geführt. Bei jedem von euch ist ein Erlebnis eingeplant, in dem er wieder in Berührung mit uns kommt. Einige von euch bekommen es aus dem Elternhaus mit, andere werden über Bücher oder Gespräche geführt. Ihr selbst habt es so festgelegt.

So kommt ihr in Berührung mit uns, seid euch aber noch nicht der Macht der Seelenverträge bewusst und könnt nicht unterscheiden zwischen Dualität und Wirklichkeit. Ihr erahnt eine Führung, wisst aber noch nicht, wie die Geistige Welt arbeitet. Zu intensiv ist der Schleier des Vergessens. Ihr habt eine Richtung im Leben eingeschlagen, sie zeigt euch aber noch nicht auf, wer ihr wirklich seid.

Ihr spürt ein Ziehen, könnt es aber nicht greifen. Ihr versteht nicht, warum ihr immer wieder bestimmte Situationen erlebt, immer wieder ähnliche Erlebnisse heranzieht. Teilweise habt ihr angefangen, an uns zu glauben und bittet um Hilfe, versteht aber nicht, warum ihr manche Herausforderungen und Situationen durchleben müsst. Einige von euch hören in solchen Situationen auf, an uns zu glauben. Mit anderen Worten: Ihr empfindet alles als sehr »vage«.

Unbewusst habt ihr angefangen, euren Weg zu gehen – den Weg zum Erwachen. Ihr brauchtet diese Erfahrungen des SICH-NICHT-BEWUSST-SEINS, nur so könnt ihr euch SELBST-BEWUSST-SEIN. Beide Pole müssen in der Dualität erfahren werden.

Jeder von euch durchlebt Phasen, in denen er keine Klarheit hat und verunsichert ist. Wie könntet ihr sonst die Klarheit erfahren? Diese Phasen gehören zu eurem Erwachungsprozess.

Der Weg beginnt

Ihr befindet euch immer auf eurem Weg – immer. Es hängt nur mit eurem Bewusstseinszustand zusammen, dass ihr irgendwann fragt :

Welcher ist mein Weg? Wer bin ich? Was ist der Sinn und Zweck meines Daseins? Aus welchem Grund bin ich inkarniert? Was möchte meine Seele verwirklichen?

Ab einem bestimmten Punkt in eurem Leben fangt ihr an, diese Fragen zu stellen.

Es sind Fragen nach dem Sinn des Lebens. Ihr spürt hinter allem eine Führung und wollt mehr herausfinden. Beschleunigt wird dieser Prozess oft durch einschneidende Erlebnisse, die diese Fragen auslösen. Ein Unfall, eine schwere Krankheit, Verlust der Arbeit oder eine Beziehung ist zerbrochen. Ihr fangt bewusst an, über euer Leben nachzudenken und versucht herauszufinden, welche eure wahren Wünsche sind. Wohin geht es?

Ihr fangt an, euch mit Religion und Philosophie, mit der Geistigen Welt zu beschäftigen und stellt fest, dass ihr eine Aufgabe habt. Diese wollt ihr herausfinden und euch ganz bewusst auf den Weg begeben. Ihr wollt wissen, wohin die Reise geht. Es ist das Bedürfnis eurer Seele, zu erwachen. Erwachen ist nichts anderes als Klarheit und Wissen über den eigenen Weg. Es ist das Wissen über die eigene Bestimmung, über die Gesetzmäßigkeiten der Geistigen Welt. Das Wissen über die Kunst, Wünsche in die Materie zu bringen, über den Schöpferprozess.

Der Wunsch, zu erwachen, ist in euch festgelegt, entfaltet sich wie ein Samen zum richtigen Zeitpunkt und wächst. Aber wisset: Ihr befindet euch immer auf dem Weg. Ihr könnt gar nicht anders. Es geht um das Bewusstsein, dass es einen Weg gibt und ihr euch daran erinnert, wer ihr seid und warum ihr da seid. Ja, es geht um die Wahrhaftigkeit.

Und ihr sehnt euch nach der Wahrhaftigkeit – ihr könnt gar nicht anders.

Nicht in dieser Zeit, in dieser Inkarnation.

Transformation des Egos

Ihr werdet euch immer mehr bewusst, dass es einen von eurer Seele vorgeschriebenen Weg gibt, und denkt über die wahren Wünsche eurer Seele nach.

Manche sind sich ihrer Ziele voll und ganz bewusst, andere lassen sich führen. Beides ist in Ordnung. Es spielt keine Rolle. Ihr selbst habt festgelegt, wie ihr euren Weg gehen wollt.

Ihr werdet bewusster. Und je mehr Bewusstheit ihr entwickelt, desto mehr versucht Ego, euch vom Weg abzubringen, in die Irre zu führen. Ihr durchlebt Ängste und Zweifel, fangt an, zu hinterfragen.

Was jetzt stattfindet, sind Prozesse der Reinigung und Transformation, der Heilung. Ihr werdet geradezu gezwungen, euch eure Ängste und inneren Blockaden anzuschauen. Ein großer Umbruch findet in eurem Leben statt.

Es ist eine Phase des Loslassens. Eure Seele fordert jetzt von euch, dass ihr alles, was euch nicht mehr zuträglich ist, loslasst für das Neue, das dann in euer Leben eintreten kann. Loslasst von alten Mustern und Verhaltensweisen und von Seelenverträgen, die abgelaufen sind.

Ihr werdet komplett neu ausgerichtet. Wir wissen um diese Prozesse.

Es ist die Phase, in der ihr euch mit eurem Mentor verabredet habt.

Er wird euch führen und stützen und euch den Weg leuchten, denn er weiß um diese Prozesse und die damit verbundenen Herausforderungen.

Er kann euch während der Transformations- und Reinigungsprozesse die Hand reichen, wenn ihr meint, euch verlaufen zu haben und nichts mehr sehen zu können.

Dabei könnt ihr nicht scheitern. Es ist alles geführt. Aber ihr habt es so einfacher und kommt schneller durch die Transformationsprozesse. Deswegen habt ihr euch mit eurem Mentor verabredet, damit ihr nicht zögert, sondern zügig durch die Transformations- und Heilungsprozesse geht.

Es ist eine sehr intensive Phase. Nicht selten schmerzt euer Köper, und ihr erlebt Erkältungskrankheiten. Der Körper muss euch zur Ruhe zwingen, denn er transformiert das, was ihr geistig transformiert, auf der körperlichen Ebene.

Das kostet Kraft. Alte Muster müssen aus den Zellen geschleust werden, und es finden Umprogrammierungen statt. Bedenkt, ihr habt euch bestimmte Verhaltens- und Denkmuster angewöhnt, die zuvor der alten Energie dienten, aber nicht mitgenommen werden können ins Goldene Zeitalter.

Ein festes Denkmuster der alten Zeit ist zum Beispiel der Alterungsprozess. Dieser entspricht nicht mehr der Neuen Zeit. Ihr könnt Hunderte von Jahren in eurem jetzigen Körper weilen und seht immer aus wie 30, oder welches Alter ihr als eurer Wohlfühlalter bezeichnet. Ihr habt die Wahl. Es gibt Menschen auf eurem Planeten, die einige hundert Jahre alt sind. Sie wohnen an Orten abseits eurer Zivilisation und tun durch ihre Gebete sehr viel für die Menschheit. Altern ist Illusion. Ihr hattet es für bestimmte Zeitperioden festgelegt, damit ihr innerhalb kürzester Zeit öfter inkarnieren konntet. Doch nicht mehr in dieser Zeit.

Genauso ist Krankheit eine Illusion. Das Wort Krankheit wird nicht mehr in eurem Wortlaut existieren. Es geht um Verjüngung und Gesunderhaltung. Es werden wieder Gesundheitstempel entstehen. Euer Gesundheitssystem wird komplett revolutioniert.

Zudem wird sich euer Zeitempfinden verändern. Zeit ist eine Illusion. Es gibt keine Zeit. Solche Gedankenmuster werden während eurer Reinigungs- und Transformationsprozesse aus euren Zellen entfernt und umprogrammiert. Ihr werdet auf Gesundheit und

Verjüngung ausgerichtet. Diese Umprogrammierungen kosten den Körper Kraft. Nach jedem Transformationsprozess, nach jeder Heilung und Erkenntnis und mit zunehmender Klarheit wird eure Körperschwingung erhöht.

Bedenkt, ihr habt alle eure Ängste auf der geistigen Ebene transformiert, diese sind aber auch in euren Zellen gespeichert. Mit jeder geistigen Transformation erfolgt die Ausschleusung aus euren Zellen.

Auch das kostet den Körper Kraft. Ihr braucht vermehrt Schlaf oder bestimmte Nahrungsmittel. Deswegen nehmt es an. Seid geduldig mit euren Prozessen und eurem Körper.

Leben im Einklang mit der Mahatma-Energie

Ihr habt angefangen, bewusst euren Weg zu gehen, seid durch Transformationsprozesse, durch Läuterungsphasen hindurch, habt euch eure Ängste angeschaut, sie transformiert und aufgelöst. Es gab Wegstrecken, die einfach waren, dann ging es bergab, oder eine Biegung tauchte auf. Ihr standet vor Weggabelungen, entschiedet euch für Wegabkürzungen und gingt das Abenteuer ein, den vorgeschriebenen Weg zu verlassen. Ihr machtet die Erfahrung, euch auf einen nicht vorgegebenen Weg zu begeben, gingt durch die Dunkelheit, ohne zu wissen, was euch als Nächstes erwartet. War es ein Berg oder ein Fluss, den es zu überqueren galt? Ihr bekamt Angst, bliebt vor Schreck stehen, wurdet orientierungslos und nahmt die Führung der Geistigen Welt nicht mehr wahr, die euch nie aus den Augen ließ, sondern euch immer begleitete und an die Hand nahm. Selbst wenn ihr dachtet, ihr hättet euch verlaufen, befandet ihr euch immer auf eurem Weg, auch wenn es für euch nicht mehr so aussah. In diesen Situationen wart ihr froh, euren Mentor an eurer Seite zu haben. War es ein Mentor aus der Geistigen Welt, konntet ihr ihn zeitweise nicht mehr wahrnehmen. Aber glaubt uns, er hat euch immer an die Hand genommen und euren Weg geleuchtet.

Er wusste aber auch, wie man wieder auf den vorgegebenen Weg gelangt und dadurch schneller ans Ziel kommt. Ihr machtet die Erfahrung, euch zu verändern.

Eure Reise begann gleich einem Rohdiamanten, und während eurer Wanderschaft entstand ein wunderschöner strahlender Diamant. Das Gestein abgeschliffen, strahlend und durchlässig, glänzend in all seinen Facetten. Bedenkt ein geschliffener Stein kann sich nie wieder zu einem Rohdiamanten entwickeln. Sind eure Ängste einmal transformiert und hat euer Ego den Kampf verloren, gibt es kein Zurück mehr. Ihr seid in eurer Stärke und Kraft, in der Wahrhaftigkeit und der Liebe. Es gibt keine stärkere Macht im Universum als die Liebe. Diese ist gleich einer Blume, die durch eine Mauer wächst. Die Stärke der Liebe ist das Zerbrechliche, das das Feste durchbricht. Das kann nur die Liebe. In dieser

Stärke befindet ihr euch nach eurem Transformationsprozess und kämpft nicht mehr.

Es gibt nichts mehr, worum ihr kämpfen müsst, denn ihr habt erkannt, dass ihr immer mit allem versorgt seid und die Macht habt. Eurer wieder SELBSTBEWUSST, geht ihr jetzt euren Weg weiter im Bewusstsein eures Seelenplans. Ihr habt euer lineares Denken abgelegt, weil ihr erkannt habt, dass es euch in alte Muster führt und euch verwirrt. Ihr habt angefangen, euer Leben nach der Wirklichkeit auszurichten. In der Wirklichkeit ist alles im Hier und Jetzt vorhanden. Außerdem habt ihr gelernt, dass nicht immer zuerst Punkt A auftreten muss.

Nein, es kann mit Punkt C beginnen, und Punkt A taucht überhaupt nicht mehr auf, weil ihr beschlossen habt, so schnell wie möglich den für euch wichtigen Punkt C zu erreichen.

Mit solchen Überraschungen hat die Geistige Welt öfter euer lineares Denken durchbrochen.

Nach den Transformationsprozessen wisst ihr darum, weil ihr euch an die Zusammenarbeit mit uns gewöhnt und euch verändert habt, eine Leichtigkeit spürt.

Ego ist zwar immer noch da, und ihr befindet euch immer noch in der Dualität.

Doch Ego hält jetzt respektvollen Abstand, weil es den Kampf verloren hat. Ihr habt die Transformationsprozesse durchlaufen und könnt jetzt euren Weg ohne Kämpfe weitergehen. Sollte Ego sich euch nähern, nehmt ihr es sofort wahr. Ihr kennt die Gefahren, aber ihr seid ihnen nicht mehr ausgeliefert.

Ihr kennt eure Wahlmöglichkeiten, aber ihr wollt euch nur noch für die Wirklichkeit entscheiden.

Nun fangt ihr an, in einen harmonischen Zustand überzugehen und befindet euch nach und nach im Zustand der Mahatma-Energie, verschmolzen mit dem Goldenen Engel, eurem Höheren Selbst. Euer ganzes Denken und Handeln ist jetzt ausgerichtet auf den höchsten göttlichen Plan des Lichts. Es scheint, als ob ihr keine Wahlmöglichkeiten mehr hättet. Euer ganzes Sein ist ausgerichtet auf die höchste Schöpferkraft. Der Schöpfer selbst kann sich jetzt ohne Widerstände durch euch erfahren. Es ist ein anderes Leben – ihr befindet euch im Wirken und im Sein.

Vorbei die Zeiten der Kämpfe und des Leidens, der Prozesse. Es gibt nichts mehr, was euch von eurem Weg abhalten könnte. Vorbei die Beschwerlichkeiten und Mühen des Lebens. Alle Bereiche eures Lebens wurden von euch geheilt, dementsprechend können Fülle und Liebe in euer Leben treten. Ihr seid wieder im Fluss, weil die Schöpferkraft ohne Widerstand durch euch fließen kann.

Die verschiedenen Erwachungsstufen wurden von euch durchlaufen, doch es geht weiter, denn ihr hört nie auf, euch weiterzuentwickeln.

Der Weg geht weiter

Neuanfang

Seid ihr durch die verschiedenen Phasen des Erwachens gegangen, ist es wie eine Neugeburt.

Kurz vor eurer Neugeburt erlebt ihr euren Weg am beschwerlichsten. Ihr fühlt euch durch die vielen Transformationsprozesse müde, denn ihr habt viele Egokämpfe durchgestanden und wünscht euch nur noch Befreiung und Durchbruch.

Durchbruch in das neue Leben, hinein ins Wirken, vollkommen geheilt. Gerade dann setzt Ego noch einmal zum Angriff an. Ihr geht noch einmal durch eine Phase der Dunkelheit und Unklarheit. Gerade diese Phase kommt euch quälend und unerträglich vor, weil ihr schon so weit gegangen seid und euch nur noch Ruhe und ein Gefühl des Ankommens wünscht. Es ist der entscheidende letzte Kampf.

Jetzt geht es darum, endgültig in die Klarheit zu gehen. Darum, endgültig die Verantwortung zu übernehmen und zu eurem Seelenplan zu stehen. Ego möchte keine Verantwortung, sondern den bequemen Weg. Ego möchte Gewöhnlichkeit, euch klein machen. Ihr sollt nicht ankommen. Deswegen bäumt sich Ego noch einmal auf und setzt zum Sprung an.

Ihr selbst habt eine Art Sicherheitssystem geplant, damit der Ruf eurer Seele und die Wahrhaftigkeit gewinnen. Deswegen könnt ihr diesen Kampf nicht verlieren. Allerdings habt ihr die Wahlmöglichkeit, in welcher Heftigkeit ihr ihn erlebt. Darin besteht der Sicherheitsmechanismus. Lasst ihr euch nicht vom Ego beeinflussen und geht zielstrebig und voller Vertrauen euren Weg, erlebt ihr keine Prozesse. Ja, ihr könnt mit Leichtigkeit in euer Wirken gehen. Es fühlt sich leicht an. Türen öffnen sich, und neue Menschen, die in Zusammenhang mit eurem Wirken stehen, werden euch zugeführt. Euer Umfeld bildet sich neu. Es entstehen neue Konstellationen. Ihr fühlt euch wohl, euer Herz wird leichter und ihr könnt eintreten in die Mahatma-Energie.

Fangt ihr allerdings an, den Eingebungen eures Egos zu unterliegen, euch von eurer Klarheit abzuwenden, entstehen Prozesse. Diese habt ihr für euch selbst festgelegt, um euch wieder auf euren Weg zu bringen. Das heißt, es fängt im wahrsten Sinne des Wortes an, wehzutun. Unerklärliche Ängste können eintreten, und ihr fühlt euch nicht wohl. Ego wird euch von eurem Umfeld in unangenehmster Weise widergespiegelt. Es wird immer unerträglicher. Ihr fühlt euch leer, nichts macht euch mehr Freude, ihr seid vom Weg abgekommen. Ego hat euch in die Irre geleitet. Ihr habt Ego mit der Wirklichkeit verwechselt, steht kurz vor dem Zusammenbruch und befindet euch in einer Sackgasse. Es ist die Situation des Gehängten. Ihr hängt quasi kopfüber und könnt euch nicht bewegen. Es gibt kein Vor und kein Zurück, ihr verfallt in eine Art Starre. Gerade diese missliche Situation bewirkt, dass ihr aufhört, Kämpfe auszutragen. Ihr ergebt euch. Ihr ergebt euch der göttlichen Führung und hört auf, den Einflüsterungen eures Egos zu folgen. Ihr hört auf zu kämpfen, und dadurch werdet ihr gewinnen. Ego möchte den Kampf, doch ihr kämpft nicht mehr. Ihr kommt in die Klarheit, dass ihr vom Weg abgekommen seid und euch in einer Sackgasse befindet. Es bleibt nur noch ein Weg übrig, und das ist der euch vorbestimmte. Eure inneren Widerstände wurden durchbrochen, ihr geht jetzt euren Weg. Ego hat verloren, indem ihr aufgehört habt zu kämpfen und eure Wahrhaftigkeit endlich anerkennt. In dem Moment, in dem ihr in eure Wahrhaftigkeit eintretet, wird Ego Wunden erleiden und sich zurückziehen, da es diese starken Energien nicht verträgt.

Bevor der komplette Neubeginn befreit vom Ego stattfindet, ist es, als wenn ihr durch einen Geburtskanal geht. Es ist sehr eng, und die Geburtswehen haben eingesetzt. Die Tage vor der Neugeburt sind die schwierigsten. Hinzu tritt eine Veränderung in eurem Zeitempfinden ein. Ihr fühlt euch, als ob die Zeit stillsteht, als ob eine Art unerklärlicher Stille in euer Leben eintritt. Oft empfindet ihr es als eine quälende, abwartende Phase. Es ist das Warten auf den Durchbruch, auf das Eintreten in das Wirken. Jeden Tag könnte die Geburt stattfinden, ihr könnt nur nicht sagen, an welchem. Jeder von euch wird es anders empfinden, aber es ist der Übergang in den Neubeginn.

Der Tag des Neubeginns, der Tag, an dem das Neue endgültig in euer Leben eintritt, empfindet ihr als einen Befreiungsschlag. Es ist der Tag, an dem ihr in die vollkommene Heilung eintretet und sich alles in eurem Leben zum Besten wendet. Heilung in allen Bereichen eures Lebens tritt ein, und Fülle hält Einzug. Die Zeit der Belohnungen und Wunder kann beginnen. Ihr seid durch Heilungs- und Transformationsprozesse durch und wart extremsten Attacken eures Egos ausgesetzt. Doch ihr seid durch. Aus dem Rohdiamanten ist ein funkelnder, wunderschön geschliffener, glänzender Diamant geworden, der sich nie wieder zu einem Rohdiamanten zurückentwickeln kann.

Leben in der Wirklichkeit

Euer Neubeginn ist der Einzug der Wirklichkeit in euer Leben.

Es ist anders. Ihr lebt jetzt anders, und zwar ein erfülltes Leben im Einklang mit eurem Seelenplan. Es gibt keine Kämpfe mehr. Ihr habt aufgehört zu kämpfen und euch zu Siegern entwickelt. Ego kann euch nichts mehr anhaben, weil ihr gelernt habt, zwischen Ego und Wirklichkeit zu unterscheiden, nämlich, die Egospiele zu durchschauen und die Wirklichkeit dahinter zu erkennen.

Ihr seid euch und eurem Umfeld gegenüber in der Klarheit und seht sofort, wenn sich jemand in einem Egospiel befindet und erkennt, wenn ihr selbst wieder in Egospiele eingestiegen seid. Das ist der Unterschied. Ihr erkennt es und könnt sofort wieder aussteigen. Vor euren Transformationsprozessen wärt ihr in ihnen stecken geblieben und hättet mitgespielt. Doch ihr seid durch eure Heilungsprozesse hindurch. Ihr habt es geschafft und euch befreit. Befreit von alten Verhaltensmustern und Rollenspielen. Ihr seid frei, befindet euch im Fluss und wisst um die Herausforderungen des spirituellen Wegs. Ihr wisst darum und erkennt sofort, wenn ihr vom Weg abweicht. Früher wärt ihr immer tiefer in die Prozesse eingestiegen, hättet euch gewehrt und gekämpft. Nach den Läuterungsphasen ist es anders.

Ihr schaut euch an, was es in dieser Situation zu lernen gibt, geht in euch hinein, findet die Antwort und handelt dementsprechend. Ihr habt gelernt, dass manchmal bestimmte Mosaiksteine in Erscheinung treten müssen, bevor sich ein Wunsch manifestieren kann. Genauso habt ihr gelernt zu gehen, zu warten und innezuhalten. Ihr wisst, dass ihr keine falschen Entscheidungen treffen könnt.

Trefft ihr eine Entscheidung aufgrund eures Egos, treten sofort die von euch festgelegten Sicherheitselemente in Kraft, und es werden Prozesse ausgelöst. Aber ihr erkennt es, kehrt um und geht wieder in die richtige Richtung. Ohne Kämpfe, ohne weitere Prozesse. Das ist der große Unterschied. Ihr habt die Gesetzmäßigkeiten des Lebens erkannt, handelt danach und erkennt sofort, wenn ihr euch nicht mehr im Einklang mit eurem Seelenplan befindet. Ihr seid im Fluss. Die Wegstrecke der extremen Herausforderungen liegt hinter euch. Ihr kennt die Gefahren und Tücken des spirituellen Wegs, aber ihr habt gelernt, damit umzugehen. Das schenkt euch die Freiheit.

Ihr lasst euch nichts mehr einreden, was nicht in eurem Plan steht, denn ihr seid autark, habt jegliche Bequemlichkeit abgestreift und wisst um den Segen des nicht immer einfachen Weges, weil er euch reich belohnt und euch die Angst nimmt.

Ihr habt gelernt loszulassen und befindet euch im Urvertrauen. So vieles habt ihr gelernt und transformiert und gleichzeitig so viele Segnungen erlebt. Ihr könnt gar nicht anders, als euch in einem

Zustand der bedingungslosen Liebe und des Urvertrauens zu befinden. Und ihr könnt nicht mehr zurück oder Rückschläge erleiden.

Nein, ihr seid jetzt ein geschliffener Diamant, der sich nicht mehr zu einem Rohdiamanten zurückentwickeln kann.

Ihr kennt die Gefahren und Herausforderungen des spirituellen Wegs und wisst um die Macht eurer Seelenverträge. Seelenverträge sind sehr machtvoll, und ihr habt so viele Sicherheitsmaßen eingeplant, damit ihr euren Seelenplan einhalten könnt.

Eure Sicherheitsvorkehrungen treten mit ganz besonderer Macht ein, wenn ihr euch keine Wahlmöglichkeit eingebaut habt, wenn es nur eine Möglichkeit, eine Richtung gibt.

Weise geworden, kennt ihr den Rhythmus zwischen Aktion und Handeln, zwischen Einatmen und Ausatmen und die Phasen der Einkehr und Ruhe. So verläuft euer Leben. Bevor ihr in eine neue Phase in eurem Leben tretet, atmet ihr ein. Setzt ihr eure Visionen um, atmet ihr aus.

Ihr seid jetzt selbst berechtigt, ein Mentor zu sein. Aus dem einstigen Schüler ist ein Mentor geworden, und in diesem Moment lässt euch euer Mentor los.

Ihr könnt jetzt alleine gehen, denn ihr seid durch die gefährlichen Phasen eures Weges durch und wisst jetzt um die Herausforderungen. Mentor darf sich nur der nennen, der die Gesetzmäßigkeiten des Lebens kennt, der um die Prozesse durch die Erwachungsstufen weiß, der auch im Dunkeln sieht und wieder in die Klarheit kommt. Ein Mentor erkennt sofort, wenn er wieder in ein Egospiel eingetreten ist und kann wieder aussteigen. Er verfängt sich nicht mehr in alten Mustern und Verhaltensweisen, denn er ist geläutert. Ein Mentor empfängt reine Botschaften aus der Geistigen Welt. Es spielt keine Rolle, welchen Beruf er ausübt. Er kann ein Heiler sein, muss es aber nicht. Er kann genausogut ein Unternehmen führen oder Autos verkaufen. Es spielt keine Rolle. Der Mentor wird von der Geistigen Welt autorisiert, er hat die Weihe der Krone erhalten.

Mit der Weihe der Krone tragt ihr einen goldenen Lichtkranz um euer Kronenchakra.

Es ist eine sehr machtvolle Weihe, durch die ihr schneller in der Lage seid, zu manifestieren. Das heißt, ihr könnt die Visionen eures Seelenplans schneller in die Materie umsetzen. Durch die Weihe der Krone steht ihr in noch engerer Verbindung zur Geistigen Welt und könnt die Botschaften zu hundert Prozent empfangen. Die Weihe der Krone ist nur dann möglich, wenn ihr frei von Ego seid, euer Herz durchlässig ist und ihr innen weich und rein seid, frei von jeglichen Verhärtungen. Ihr könnt diese Weihe nur empfangen, wenn ihr in der Lage seid, bedingungslos zu lieben und Liebe zu empfangen. Denn Liebe ist die einzige Wirklichkeit und Kraft im Universum. Alles andere ist Illusion und Dualität.

Daher könnt ihr diese Weihe nur empfangen, wenn ihr in der Lage seid, die Wirklichkeit zu erkennen und zu leben. Die Weihe der Krone ist eines der größten Geschenke der Geistigen Welt, wenn ihr durch eure Läuterungsprozesse hindurch seid. Nur ein von der Geistigen Welt autorisierter Mentor empfängt diese Weihe.

Ihr habt euch vom Schüler zum Mentor entwickelt. Euer Seelenplan enthält dementsprechend Verabredungen. Ihr seid erwacht und wisst, wer ihr seid.

Ihr befindet euch im SELBST-BEWUSST-SEIN und führt eurer Leben jetzt im Einklang mit dem höchsten göttlichen Plan des Lichts.

Mit eurem Erwachungs- und Heilungsprozess habt ihr wiederum einen wichtigen Beitrag zur Heilung eures Umfelds und von Lady Gaia geleistet. Lady Gaia muss eure Energien, die nicht der Wirklichkeit entsprechen und sich in ihr gespeichert haben, nicht für euch ausleiten, sondern ihr habt ihr dieses abgenommen und die Energien selbst transformiert.

Ihr habt euren Beitrag zur Heilung von Mutter Erde geleistet. Mit eurer Schwingungserhöhung habt ihr einen Beitrag zur gesamten Schwingungserhöhung geleistet, denn ihr steht zu eurem Seelenplan und habt euren Auftrag und eure Aufgaben angenommen. Die Segnungen und Wunder sowie die Fülle des Lebens haben Einzug in euer Leben gehalten. Ihr werdet für eurer Tun und Sein von der Geistigen Welt so geehrt und geachtet. Wenn ihr wüsstet, wie wir euch feiern. Wenn ihr wüsstet, wie wir immer um euch sind und euch führen und leiten. Wenn ihr wüsstet, wie viele von uns um euch sind, ihr hättet in keiner Sekunde eures Lebens gezweifelt. Aber wir wissen um eure Herausforderungen und die Schwere des Schleiers des Vergessens. Deswegen seid ihr so geehrt und gefeiert, weil ihr als Engel und Würdenträger, als Mitglied unserer Familie, es auf euch genommen habt, wieder einzutauchen in die Dualität, um sie zu transformieren. Wir wissen, wer ihr seid.

Wir kennen jeden Einzelnen von euch. Wir können jeden beim Namen nennen.

Wir wissen, wer DU bist. Wir ehren, achten und lieben dich. Du bist einer von uns.

Ihr seid die Geistige Welt, die sich auf Erden inkarniert. Ihr seid Aufgestiegene Meister und Engel. Ja, das seid ihr, und ihr fragt euch: Was, ich? Ja, genau du!

Viele von euch sind freiwillig gekommen. Ihr hättet nicht mehr eintauchen müssen in die Dualität, aber ihr habt es als die einzige Möglichkeit gesehen, diesen wunderschönen Planeten, dieses strahlende blaue Juwel, im Universum zu retten.

Ihr seid unsere Brüder und Schwestern, wir sind alle eine Familie.

Wir wissen, wer diese Zeilen liest, wir wissen es!

Gelebte Schöpferkraft

Mahatma-Energie

Die Wirklichkeit selbst ist die Liebe, alles andere ist Illusion. Die Göttliche Quelle, der Ursprung aller Dinge, Gott, besteht aus Liebe. Es ist die einzige Wirklichkeit, die existiert. Alles andere ist unwirklich. Die Essenz von allem ist Liebe, nur die Wirklichkeit ist von Dauer, nur diese Essenz ist unsterblich. Nur die Wirklichkeit ist von Bestand.

Gott selbst hat aus einem Punkt heraus alles erschaffen, das ist der göttliche Wille. Gott hat aus sich selbst heraus alles geschaffen, aus dem göttlichen Willen heraus. Er hat aus dem göttlichen Willen heraus Alles-was-ist geschaffen.

Dieser eine Punkt, der göttliche Wille und die Essenz, die göttliche Liebe, spiegeln sich wider in der Mahatma-Energie, die Energie des absoluten göttlichen Willens. Alles, was der Wirklichkeit entspricht und sich in der Essenz der Liebe befindet, unterliegt diesem höchsten göttlichen Willen.

Solange ihr euch noch in euren Transformationsprozessen befindet und euch immer wieder vom Ego und Verstand in die Irre leiten lasst, habt ihr Angst, im Einklang mit dem göttlichen Willen zu leben.

Ego tut alles, damit ihr es nicht tut, denn es bedeutet den Tod vom Ego.

Ego kämpft um sein Überleben.

Nachdem ihr die verschiedenen Erwachungsstufen durchschritten habt und durch die verschiedenen Läuterungs- und Transformationsprozesse das Ego von euch weichen musste, unterwerft ihr euch diesem absoluten höchsten göttlichen Willen. In diesem Moment befindet ihr euch im Einklang mit der höchsten Energie des Universums. Es gibt keine höhere Energie als der absolute göttliche Wille.

Ja, ihr unterwerft euren eigenen Willen dem höchsten göttlichen.

Jedes erwachte Wesen im Universum tut es voller Freude.

Was kann euch Besseres passieren, als euren Willen in der Einheit mit dem göttlichen Willen aufgehen zu lassen? Was kann euch Besseres passieren? Der göttliche Wille ist die reine Liebe. Die Mahatma-Energie schützt euch vor weiteren Angriffen des Egos.

Ego kann in der Nähe dieser Energie nicht existieren. Ihr seid im Einklang mit dem göttlichen Willen und dem höchsten göttlichen Plan des Lichts.

Dieser Plan enthält kein Leid, keine Kämpfe. Nein, er enthält Liebe, Freude, Schönheit und die Fülle des Lebens. Was kann euch Besseres passieren, als euer Leben nach diesem Plan auszurichten? Ihr habt eure Seelenpläne so festgelegt, dass sie in den höchsten göttlichen Plan des Lichts übergehen. Um dorthin zu gelangen, müsst ihr aber frei von Ego, frei von Illusion und Dualität sein. Erst dann könnt ihr in diese Energie gelangen, mit ihr in Berührung kommen.

Der Eintritt in die Mahatma-Energie ist die Verschmelzung mit eurem Höheren Selbst. Euer und der göttliche Wille sind eins. Nein, ihr verliert nicht eure Persönlichkeit, ihr seid im Einklang und Gleichklang mit dem göttlichen Willen.

Ihr könnt diese Energie erst empfangen, wenn ihr eure Transformationsprozesse hinter euch habt, denn das Aufnehmen der Mahatma-Energie ist erst ab einer bestimmten Schwingungsstufe möglich. Diese Schwingung konnten früher nur die großen Meister und Lehrer auf eurer Erde halten. Der göttlich erwachte Mensch auf Erden ist selbst ein Avatar, ein Meister. Er hat die Weihe der Krone empfangen und ist berechtigt, als Mentor zu wirken. Deswegen könnt ihr diese Energie empfangen und in sie eintauchen. Eingetaucht in diese Energie, hört ihr endlich auf, zu zweifeln. Auch wenn ihr nie alles wissen könnt, denn es gibt immer Herausforderungen und Lernprozesse, auch im Einklang mit der Mahatma-Energie, befindet ihr euch aber in einem Zustand des absoluten Vertrauens – im Urvertrauen.

Was soll euch schon passieren, wenn euer und der göttliche Wille eins sind?

Gott ist die Liebe, das ist die einzige Wirklichkeit, die Gott kennt. Und ein Wille, dessen Essenz die Liebe ist, was gibt es Vollkommeneres? Ihr taucht ein in die Vollkommenheit, in die Schönheit des Seins, in die Vollendung. Ihr geht auf in der Wahrhaftigkeit, und darin liegt eure Freiheit.

Ihr seid befreit von Kämpfen und Egospielen, befreit vom Zweifel, lasst euch führen vom göttlichen Willen und taucht ein in die Freiheit, denn der göttliche Wille ist die reine Liebe. Liebe erschafft keine Gefängnisse. Liebe und Freiheit gehören zusammen. Die reine, bedingungslose Liebe kann nur in der Freiheit existieren.

Man kann die bedingungslose Liebe nicht an Bedingungen knüpfen, sonst wäre sie nicht bedingungslos. Die reine Liebe und die Freiheit sind zwei Seiten derselben Münze, deshalb bringt euch das Empfangen der Mahatma-Energie gleichzeitig die Freiheit.

Die Göttlichkeit in euch ist erwacht, ihr seid frei. Ihr habt es geschafft und seid ein göttlich erwachter Mensch auf Erden, der seinen Seelenplan angenommen hat. Alle Schritte seid ihr gegangen, um zu diesem Punkt in eurem Leben zu gelangen. Es ist vollbracht. In dem Moment, in dem ihr in die Mahatma-Energie eintretet, habt ihr die verschiedenen Erwachungsstufen, die ihr für eure jetzige Inkarnation festgelegt habt, durchschritten. Es ist ein Punkt, eine Station in eurem Leben, in der ihr zum ersten Mal richtig aufatmet und euch leicht fühlt.

Ihr könnt endlich eintauchen in die Leichtigkeit des Seins.

Es gibt keine qualvollen Kämpfe mehr zwischen Herz und Verstand. Ihr könnt jetzt weitergehen in der Leichtigkeit und euch ohne Widerstände führen lassen.

Folgt den Impulsen eures Herzens, nicht mehr denen des Verstandes. Versteht uns nicht falsch, ihr braucht euren Verstand, aber er ist ein Instrument des Herzens, nicht umgekehrt. Ihr braucht den Verstand, um zu planen und zu organisieren, aber die Visionen, das Wissen um euren Weg, müsst ihr mit dem Herzen empfangen.

Deswegen ist das Empfangen und Eintauchen in die Mahatma-Energie eines der vielen Geschenke und Belohnungen, die ihr euch aufgeschrieben habt.

Es ist das Eintreten in die Leichtigkeit des Seins. Ihr könnt die Leichtigkeit jedoch erst erfahren, nachdem ihr durch die Schwere und Mühsal gegangen seid.

Es ist ein großer Segen für euch, eine große Belohnung.

Wir wissen, wer diese Zeilen liest, wir wissen es. Wir können jeden von euch beim Namen nennen, denn ihr seid unsere Schwestern und Brüder, und wir verneigen uns vor eurer Größe und Wahrhaftigkeit, ihr Meister und Avatare auf Erden.

Ja, das seid ihr. Ihr seid die Erbauer des Neuen Zeitalters. Ohne euch wären der Aufstieg und die Heilung von Mutter Erde nicht möglich.

Spürt die Liebe der Geistigen Welt. Wir reichen euch die Hände. Der Schleier zwischen uns ist durchsichtig geworden.

Wir verneigen uns vor euch. Spürt unsere Energie und Liebe. Wir sind Familie.

Das Leben als gelebte Schöpferkraft

Ihr seid eingetaucht in die Mahatma-Energie, habt die verschiedenen Erwachungsstufen durchlaufen und euch mit eurem Höheren Selbst verschmolzen.

Der göttliche Wille, der eine Punkt, aus dem alles erschaffen wird, fließt ungehindert durch euch. Die Schöpferkraft kann sich jetzt voll und ganz durch euch entwickeln. Ja, man könnte sagen, dass das Leben jetzt erst so richtig für euch anfängt.

Es ist ein Neubeginn. Neubeginn deshalb, weil ihr jetzt frei von Widerständen seid.

Ihr seid mit eurem Höheren Selbst verschmolzen, das heißt, der Wille Gottes und der eurige sind jetzt eins. Es gibt nur noch einen Willen.

Könnt ihr euch vorstellen, was jetzt mit eurem Planeten geschieht? Ihr habt beschlossen, das Neue Goldene Zeitalter aufzubauen, könnt aber nur im Einklang mit der Mahatma-Energie die Visionen empfangen und umsetzen, die dieses Goldene Zeitalter aufbauen. Ihr erschafft jetzt rein aus dem göttlichen Willen heraus.

Früher hat die Menschheit aus der Dualität und Illusion heraus gewirkt. Seht, was aus eurem Planeten geworden ist: Lady Gaia wurde geplündert und ausgeraubt, eure Flüsse und Meere verschmutzt, Kriege und Gewalt unter der Menschheit.

Die Welt ist in die Illusion und Dualität eingetaucht und in ein Ungleichgewicht geraten, weit weg von der göttlichen Ordnung. Gott hätte so etwas nie erschaffen.

Aber ihr als Menschheit, gefangen in der Illusion und Dualität, habt euch im Laufe der Zeit ein Gefängnis erschaffen. Ein Gefängnis, dessen Fundament auf Mangel und Angst aufgebaut ist und in dem ihr euch getrennt von der Göttlichen Quelle erfahren habt. Die Abkoppelung des eigenen vom göttlichen Willen hat euch in die Gefangenschaft geführt, doch die Verschmelzung eures Willens mit dem göttlichen führt euch in die Freiheit. Es führt die gesamte Menschheit wieder in die Freiheit. Unter dem göttlichen Willen gibt es keine Kriege, keinen Mangel mehr. Alles, was jetzt entsteht und was ihr jetzt hervorbringt, enthält die Essenz der Liebe. Das Goldene Zeitalter, das jetzt entsteht, entsteht im Einklang mit dem höchsten göttlichen Plan des Lichts. Es ist die Rückkehr der Menschheit in den Garten Eden.

Ja, ihr erschafft jetzt ein neues Paradies. Versteht ihr jetzt, dass die Läuterungs- und Reinigungsprozesse die Voraussetzung für den Aufbau des Neuen Zeitalters sind?

Versteht ihr jetzt, warum ihre keine alten Muster und Verhaltensweisen mehr in euch tragen dürft? Wie könntet ihr sonst das Neue Zeitalter aufbauen und die Visionen für diesen Aufbau rein empfangen?

Jeder von euch trägt einen Mosaikstein in sich. Wenn alle Mosaiksteine zusammengetragen werden, ergibt sich das Gesamtbild für das Neue Zeitalter. Versteht ihr jetzt, warum jeder Einzelne von euch so wichtig ist?

Niemand von euch darf ausfallen. Deswegen seid ihr, bevor ihr in diese Inkarnation eingetreten seid, sehr streng mit euch umgegangen. Ihr musstet dafür sorgen, dass ihr die Mahatma-Energie empfangen könnt, weil ohne diese der Aufbau des Neuen Zeitalters nicht möglich ist.

Und jeder von euch trägt eine Vision in sich, die umgesetzt werden möchte.

Es ist die Vision des göttlichen Willens, die durch euch die Manifestation und Umsetzung in die Materie erfährt. Diese Vision könnt ihr nur in einem geläuterten Zustand erfahren. Ego würde sonst alles tun, um sie zu verzerren und nicht umzusetzen. Deshalb müsst ihr rein und klar wie ein Bergkristall sein.

Und nun stellt euch vor, dass jeder Einzelne im Zustand der Mahatma-Energie seine Vision empfängt und in die Materie bringt. Ihr fragt euch immer, wie die Lösungen eurer jetzigen Probleme aussehen sollen. Ihr fragt euch, wie die Menschheit alle diese Herausforderungen meistern soll. Und wir antworten euch: Setzt eure Visionen um! Dann habt ihr alle Lösungen. Jeder trägt dazu bei. Jeder von euch – ohne Ausnahme. Versteht ihr jetzt, wie wichtig euer Weg ist? Versteht ihr es jetzt?

Ihr tragt die Lösungen in euch. Ihr tragt die Visionen für das Neue Zeitalter in euch.

Ihr tragt das Goldene Jerusalem in euch. Ja, das Goldene Jerusalem.

Das Goldene Jerusalem ist das Symbol für das Goldene Zeitalter.

Es ist nicht nur symbolisch, die Erde wird die Schwingung erhöhen, und in dem Moment, in dem das irdische Jerusalem eingeht in den Ätherkörper der Goldenen Stadt, seid ihr komplett in das Goldene Zeitalter eingetreten.

Die Menschheit hat den Schleier des Vergessens gelüftet. An diesem Tag sind so viele Menschen erwacht und in die Mahatma-Energie eingetaucht, dass die Erde eingeht in den Ätherkörper der Goldenen Stadt. Das Neue Zeitalter ist eingeläutet.

Das Wassermannzeitalter. Das Zeitalter des Friedens auf Erden. Das Zeitalter des göttlich erwachten Menschen auf Erden.

Wir wissen, wer diese Zeilen liest, wir wissen es. Wir können jeden Einzelnen beim Namen nennen. Ihr seid die Erbauer des Neuen Zeitalters. Ihr tragt die Visionen und Lösungen in euch. Ihr seid die Avatare und Meister auf Erden.

Ohne euch wäre der Aufstieg nicht möglich. Nein, ohne euch wäre er nicht möglich.

Deswegen seid ihr so geehrt und geachtet in der Geistigen Welt.

Ihr seid unsere Brüder und Schwestern, denn ihr baut den Garten Eden wieder auf.

Die Menschheit hat sich befreit und die Anbindung zur Göttlichen Quelle gefunden.

Euer Planet ist geheilt, wie ihr geheilt seid. Ihr seid erwacht, die Menschheit ist erwacht. Ohne euch wäre es nicht möglich.

Und Gott spricht:

… und es wird kommen der Tag, da habt ihr eine neue Erde und einen neuen Himmel.

Ihr seid frei, ihr seid geheilt, die Erde hat sich erhoben, und ihr seht und erkennt mich.

Ihr erkennt, dass ich nie weg war. Ihr erkennt, dass ich immer unter euch war.

Ihr hattet mich vergessen, ihr dachtet, ich sei unerreichbar und von euch getrennt.

Aber ich war immer unter euch. In euch.

An dem Tag, an dem ihr aufwacht auf der neuen Erde mit dem neuen Himmel, an diesem Tag erinnert ihr euch.

An diesem Tag sind die Erde und der Himmel eins.

An diesem Tag ist die Erde so weit aufgestiegen, dass sich das irdische Jerusalem und die Goldene Stadt im Ätherkörper vereinen.

An diesem Tag ist der Schleier des Vergessens endgültig zur Seite geschoben.

An diesem Tag schaut ihr in Gott.

An diesem Tag schaut ihr in eurer und das Antlitz eures Gegenübers, und ihr schaut in die ALL-EIN-HEIT.

An diesem Tag heißt ihr die neue Erde und den neuen Himmel willkommen.

BAND III

Jeshua und das Goldene Jerusalem

Der neue Mensch auf Erden

Wir grüßen jeden Einzelnen von euch. Wir wissen, wer diese Zeilen liest. Wir können jeden von euch beim Namen nennen.

So viele Schritte seid ihr schon gegangen. Ihr habt euch auf den Weg gemacht und euch mit eurem Seelenplan verbunden – ihr seid so weit. Ihr seid auf die Botschaften vorbereitet worden, die ihr durch dieses Buch erhaltet.

Ohne Vorbereitung könnt ihr diese Botschaften nicht empfangen, nicht in eurem Körper halten. Euer Herz ist geöffnet, und ihr seid innen ganz weich. Die Verhärtungen aus eurem Herzen sind gelöst.

Während ihr diese Botschaften lest, werden wir mit euch arbeiten und euch auf die Neue Zeit vorbereiten. Ihr werdet große Segnungen und Einweihungen erhalten und eingeführt werden in die neuen Energien. Der Kontakt zu eurem Seelenplan wird intensiviert. Heerscharen von Engeln, Erzengeln und Aufgestiegenen Meistern, eure Mentoren aus der Geistigen Welt, sie alle sind um euch versammelt.

Ihr werdet durchströmt von der Christusenergie. Jesus Christus, Jeshua selbst, wird sich jedes Einzelnen von euch annehmen.

Wir wissen, wer diese Zeilen liest und segnen jeden Einzelnen von euch, denn ihr seid die Erbauer des Neuen Zeitalters.

Eine neue Erde und ein neuer Himmel

Die Menschheit tritt ein in das Neue Zeitalter, genannt das Goldene Zeitalter oder Wassermannzeitalter. Es ist das Zeitalter des Goldenen Jerusalems.

Das Goldene Jerusalem steht symbolisch für den göttlich erwachten Menschen auf Erden, für das Reich Gottes auf Erden. Es ist die Gnade, die Erlösung, das Symbol für das Himmelreich Gottes auf Erden.

Ja, es ist die Rückkehr des Menschen ins Paradies, in den Garten Eden. Die Rückkehr zu EDEN.

Es ist keine Prophezeiung, die sich wie ein Märchen für euch anhört, nein: ES IST. Es ist eure Zukunft, auf die ihr euch seit vielen Inkarnationen vorbereitet habt, damit diese Vision eintritt und sich auf Erden manifestiert.

Es geht nicht nur um das symbolische Jerusalem, sondern auch um das irdische – die Stadt Jeshuas, die das Zentrum des Goldenen Zeitalters bilden wird. Es entstehen eine neue Erde und ein neuer Himmel. Ihr habt Botschaften erhalten über eure Seelenpläne, die auf dieses Neue Zeitalter ausgerichtet sind, und beschlossen, euch und Lady Gaia vollkommen zu heilen.

An dem Tag, an dem eine bestimmte Anzahl von Menschen weltweit erwacht ist und in die Mahatma-

Energie eintritt, ist Lady Gaia vollkommen geheilt. An diesem Tag habt ihr eine neue Erde und einen neuen Himmel.

Ihr fragt euch: Wieso einen neuen Himmel? Ja, glaubt ihr, die Veränderungen auf Erden würden nicht auch eine Veränderung in der Geistigen Welt bewirken?

Es wird auf allen Ebenen einen Quantensprung geben. Der einst »gefallene Engel« Luzifer wird erwachen, sich erinnern und zurückkehren zu Gott. Er wird sich erinnern, dass er eine Schöpfung Gottes ist und die Anbindung zu Gott spüren.

Aus Liebe ist er das Experiment eingegangen und hat sich von der Göttlichen Quelle abschneiden lassen. So entstand die Dualität. Ohne Luzifer hättet ihr euch nicht in der Dualität erfahren können.

Er hat gefehlt, sein Platz war leer. Nun kehrt er zurück, und die Ordnung in der Geistigen Welt wird sich verändern. Es entsteht wieder ein neues Gleichgewicht.

Er wird gefeiert. So, wie die Menschheit erwacht, wird er erwachen, aufsteigen und wieder seinen Platz beim Vater einnehmen. Das ist nur möglich, wenn eine bestimmte Anzahl von Menschen erwacht ist, nur so kann Luzifer aufsteigen, weil ihr ihn freigebt. Ja, so hängt es zusammen. Ihr müsst ihn freigeben, denn ihr habt ihn festgehalten. So lange ihr eurem Ego erliegt, haltet ihr fest. Mit dem Eintritt in die Mahatma-Energie lasst ihr los. Darum ist es so wichtig, dass ihr an euch arbeitet und die Egospiele der Dualität durchschaut und transformiert.

Ein Großteil der Menschheit wird erwachen, aber noch nicht alle. Diejenigen, die noch nicht erwachen, werden viel liebevolle Hilfe erhalten, sodass sie folgen können. So lange sind auch noch Anteile von Luzifer auf Erden, die sich noch im Dämmerschlaf befinden.

Es wird erst noch eine Übergangsphase auf Erden geben, doch nach und nach wird sich die Luziferenergie komplett zurückziehen. Diejenigen, die erwacht sind, werden die neue Erde erschaffen. Und wir sagen euch: Ihr seid schon mittendrin.

Ihr werdet jetzt alle auf euren Weg gebracht, der in die Erschaffung des Neuen Zeitalters führt. Daher: Bleibt im Vertrauen, eure Ideen können bald umgesetzt werden. Wir wissen, dass sich viele von euch momentan in einer wartenden Position befinden, dass ihr vieles losgelassen habt und euch auf das Neue vorbereitet. Seid ohne Sorge: Die Türen werden sich für euch schlagartig öffnen. Die Fülle und die Liebe treten ein in euer Leben, und mit ihnen Segnungen und Wunder.

Nein, ihr müsst nicht warten, bis ihr vollkommen in das Goldene Zeitalter eingetreten seid oder alle erwacht sind. Das Goldene Jerusalem, die neue Erde, der Himmel treten für jeden Einzelnen im Hier und Jetzt ein. Es ist da: Ihr lebt es jetzt schon, und genau das beschleunigt noch einmal die Zeit und bewirkt, dass euer Umfeld schneller erwacht. Es ist nicht so, dass ihr an einem Tag aufwacht, und eure Erde ist komplett anders. Nein, ihr steckt mittendrin. Es findet alles im Hier und Jetzt statt.

Wir werden so oft gefragt: Wann ist es so weit, wann findet der Aufstieg statt? Und wir antworten euch: Der Aufstieg ist individuell. Jeder begibt sich individuell in die Mahatma-Energie und in das symbolische Goldene Jerusalem. Und zusammen ergibt dieser von jedem individuell erlebte Aufstieg den Gesamtaufstieg. Es hängt von euch ab, wie lange ihr für die einzelnen Transformationsprozesse braucht. Und wir sagen euch: Ihr braucht nicht lange. Ihr habt kontinuierlich für euch die Zeit beschleunigt. Es wird der Tag kommen, an dem ihr voller Erstaunen feststellen werdet: Lady Gaia ist komplett geheilt.

Dann sind so viele Menschen erwacht, dass Lady Gaia wieder ihr Gleichgewicht hergestellt hat. Doch es wird Plätze auf Erden geben, an denen die Menschen noch nicht erwacht sind. Sie brauchen eure Hilfe, denn an diesen Stellen ist Lady Gaia auch noch etwas geschwächt. Es ist die Übergangsphase. Ihr werdet viel tun für diese Menschen, und wir sagen euch: Es wird jeder erwachen auf Erden. Jeder, ohne Ausnahme. So habt ihr es festgelegt.

Freut euch. Freut euch. Es wird so sein, auch wenn ihr es euch noch nicht vorstellen könnt, weil ihr noch in euren Transformationsprozessen steckt. Aber es wird leichter. In dem Moment, in dem ihr eintretet in die Mahatma-Energie, wird euer Leben leichter, egal, was euch eure Nachrichtenbilder zeigen. Diese sind die Bilder der Dualität und nicht die der Wirklichkeit.

Der neue Mensch

Der neue Mensch auf Erden ist so, wie Gott ihn ursprünglich erschuf. Frei, selbstbestimmt, in der bedingungslosen Liebe schwingend, göttlich. Es ist der göttliche Mensch auf Erden. Frei in dem Sinn, dass er keinen inneren Kämpfen mehr unterliegt. Er ist frei von Ego und in der Schwingung der Mahatma-Energie. Dies gibt ihm die Freiheit. Gott erschuf den Menschen frei, selbstbestimmt und sich seiner SELBST-BEWUSST. Der göttliche Mensch ist wach, klar und sich seiner Göttlichkeit und seines Seelenplans bewusst. Er muss sich nicht an anderen orientieren, denn er ist individuell und hat wunderbare Talente und Fähigkeiten, die er auf die Erde bringt. Diese greifen ineinander mit den Fähigkeiten, Talenten und Schöpfungen seiner Mitmenschen. So ergibt sich ein gemeinsames Großes Ganzes.

Es ist alles vorhanden. Jeder wird gebraucht. Ihr arbeitet zusammen wie eine große Familie und befindet euch in der Schwingung der bedingungslosen Liebe, die nicht fordert und nicht vereinnahmt, die einfach nur ist und sich im Sein befindet. Und ihr befindet euch in der Essenz Gottes. Mit euch wandeln sich eure Strukturen, eure Gesellschaft, euer ökonomisches System, die Führung eurer Länder. Es wird anders, weil ihr anders seid.

Ihr seid erwacht, befindet euch in der Mahatma-Energie und denkt nicht mehr linear. Eurer Zeitempfinden hat sich verändert, und ihr könnt Hunderte von Jahren in eurem Körper weilen, ohne zu altern. Es gibt keine Krankheiten mehr, es geht um Verjüngung und Gesunderhaltung. Ihr wirkt. Euer ganzes Leben ist auf das Hier und Jetzt ausgerichtet. Ja, der neue Mensch ist anders. Er lebt in der Fülle und in der Liebe. Er ist wie ein Kind voller Staunen für die Wunder dieser Welt, empfänglich für die Schönheit des Lebens. Eure Sinne sind anders. Ihr seid in der Lage, stundenlang eine Blume oder einen Stein zu betrachten und durch diese Betrachtung ins Universum zu schauen. Ihr seid klar wie Bergkristalle und offen und freudig wie die Kinder.

Ja, der neue Mensch ist anders. Er lebt in der Leichtigkeit und ist wie ein Baum, tief verwurzelt mit Lady Gaia. Gleichzeitig ist er in der Geistigen Welt im Einklang mit der Mahatma-Energie. Im Einklang mit dem göttlichen Willen befindet er sich in der Schöpferenergie.

Der Schöpfungsprozess ist nichts anderes, als den göttlichen Willen, die Visionen Gottes in die Materie zu bringen. Ja, der neue Mensch auf Erden, er ist geerdet.

Was nützen Visionen, wenn sie nicht umgesetzt werden? Der neue Mensch setzt sie um. Er ist tief verwurzelt mit Lady Gaia und gleichzeitig im Einklang mit dem göttlichen Willen. Es gibt keinen geerdeten Zustand, und dadurch befindet er sich in der Leichtigkeit. Die erhöhte Schwingung auf Erden bewirkt eine beschleunigte Materialisation eurer Visionen. Deswegen ist der neue Mensch sehr achtsam. Er achtet darauf, was er denkt und fühlt. Ist er in einem Ungleichgewicht, bemerkt er es sofort und arbeitet an sich. Er geht liebevoll mit seinem Umfeld und Lady Gaia um.

Die Schöpfungen der Neuen Zeit sind immer in Harmonie mit Lady Gaia. Sie wird geachtet und geehrt, denn sie ist die Mutter, die Nahrung spendet und euch mit Rohstoffen versorgt. Aufgrund der liebevollen Behandlung und Achtung wird sie euch versorgen wie nie zuvor. Einst totes Land und Wüsten werden erblühen.

Sie wird euch beschenken mit mineralhaltigem, verjüngendem und heilendem Wasser. Mangel, Hunger und Not – diese Worte werden in eurem Sprachgebrauch nicht mehr existieren. Ihr lebt in Harmonie mit euren Geschwistern, den Tieren, und werdet nicht mehr töten. Nach und nach werdet ihr euch vegetarisch ernähren, denn euer Körper lässt nichts anderes mehr zu, und die Tiere werden keine Angst mehr vor euch haben.

Eure Aura hat sich verändert, und daran werden die Tiere erkennen, dass ihnen keine Gefahr mehr droht. Einst für euch gefährliche Tiere werden friedvoll und sanft, würden niemals mehr einen Menschen angreifen. Die Tierwelt hat wieder Raum, denn ihr werdet ihren Lebensraum nicht mehr einschränken. Der Lebenskampf bei den Tieren selbst hört auf. Sie werden friedlich, frei von Aggressionen und Angst.

Ihr werdet mit großem Erstaunen feststellen, dass sich die Tierwelt selbst zu Pflanzenfressern entwickeln wird. Einige Tierarten werden die Erde verlassen, ihre Seelenverträge sind auf Erden abgeschlossen, und neue Tiere werden euren Planeten besuchen.

Unter den Tieren, die euren Planeten verlassen, sind vor allem diejenigen gemeint, die Krankheiten übertragen und ein niedriges Bewusstsein haben. Genauso wird sich auch die Pflanzenwelt entwickeln.

Ihr bemerkt, dass ihr euch gewandelt habt, dementsprechend wird sich Lady Gaia verändern. Genauso wie der Zustand der Erde immer dem Bewusstseinszustand des Menschen entsprach.

Der neue Mensch auf Erden ist sich seiner Göttlichkeit bewusst und dementsprechend seines Umfelds und dessen, was er erschafft.

Wir sprechen zu euch, zu den Erbauern des Neuen Zeitalters. Ihr und eure Kinder, ihr werdet es wieder erschaffen, das Himmelreich auf Erden.

Die Botschaften Jeshuas

Das Leben Jeshuas

Wir, die Geistige Welt, und vor allem Jeshua, euch vertraut als Jesus, berichten euch über das Leben Christus, das, was nicht in der Bibel steht.

Es geht um die Geschichte Jesu, der sich zu Christus entwickelte, und diese Geschichte ist auch die eurige. Genauso wie Jesus zu Jesus Christus wurde, werdet oder seid ihr bereits Christus. Die Weihe der Krone, die Weihe zum göttlich erwachten Menschen auf Erden, der Eintritt in die Mahatma-Energie, das ist die Weihe zu Christus. Er hat euch den göttlich erwachten Menschen vorgelebt.

Er ist das, was ihr seid. Erkennt euch wieder. Die ganzen Wunder, die er vollbracht hat, werdet ihr vollbringen beziehungsweise vollbringt ihr. Ja, schaut es euch an, es ist euer Leben. Und genauso wie Jesus Christus den Kreuzweg gegangen ist, seid ihr es ebenfalls.

Der Weg zum Erwachen ist eine Kreuzwegstation. Wer kann besser euer Leid nachvollziehen als Jesus Christus, in seiner geistigen Heimat Lord Sananda genannt. Und so wird Lord Sananda in diesem Kapitel das Wort übernehmen und zu euch sprechen.

Ich, Lord Sananda, euch bekannt in der Inkarnation als Jesus, der den Status des Christus erhielt und seinen damaligen Freunden als Jeshua bekannt war, grüße euch. Ich werde jetzt das Wort übernehmen und zu euch sprechen. Ich kenne jeden Einzelnen von euch und kann jeden beim Namen nennen. Ich weiß, wer diese Zeilen liest. Ich weiß es.

Ich durchströme euch jetzt mit weiß-goldenem Licht. Ich bin bei euch. Die Geistige Welt ist um euch versammelt, während ihr diese Worte lest. Ihr seid nicht allein, wart es nie. Es ist ein großer Moment, und wir durchströmen euch mit unserer Liebe, denn ihr seid unsere Brüder und Schwestern.

Die Botschaften, die ich damals auf Erden verkündete, werdet ihr jetzt umsetzen. Die Zeit ist da. Es ist so weit. Mein Leiden, mein Weg, es war nichts umsonst. Ihr vollbringt es jetzt. Deswegen seid ihr so geehrt, geachtet und gefeiert in der Geistigen Welt.

Viele von euch waren damals mit mir inkarniert und gehörten zu meinen weiblichen und männlichen Jüngern. Ja, ich hatte viele weibliche Jünger. Nach meinem Kreuzweg und meiner »Auferstehung« seid ihr in die Welt hinausgeströmt, um meine Botschaften zu verkünden. Doch die Menschheit war noch zu tief in der Illusion und Dunkelheit. Es war noch nicht so weit. Aber es war nicht umsonst. Das, was ich verkündete, wurde oft falsch verstanden und missinterpretiert, und trotzdem war nichts umsonst. Das wahre Wissen wurde gehütet. Lange Zeit im Verborgenen, doch seit Jahren findet ihr es überall, denn viele Lichtarbeiter verbreiten es.

Es ist an der Zeit. Die Zeit ist da. Es ist so weit.

Schon damals erklärte ich euch das Geheimnis der Seelenverträge, erzählte euch über den Schöpfer. Ihr machtet immer Gott für alles verantwortlich. Doch Gott-Vater selbst kennt nichts anderes als die Liebe. Das Dunkle, das Leid, hat der Mensch selbst erschaffen. Ihr hattet immer Wahlmöglichkeiten, und im Laufe der Menschheitsgeschichte habt ihr euch immer mehr für die Dunkelheit entschieden.

Als ich damals zu den Menschen sprach, brachte ich ihr innerstes Licht zum Leuchten. Sie erinnerten sich daran, wer sie waren. Deswegen geschahen so viele Wunderheilungen. Sie erinnerten sich und wurden sich wieder ihrer Göttlichkeit bewusst. Nichts anderes geschah.

Und so geht es euch heute. Ihr erinnert euch und erwacht. Ihr erinnert euch an eure Göttlichkeit und an eure Seelenverträge. Und indem ihr euch erinnert und Gott wieder in euer Leben eintreten lasst, werdet ihr wieder wie die Kinder. Ihr könnt wieder staunen und das Leben anders betrachten.

Plötzlich wohnt allem ein Zauber inne. Die Fülle und die Wunder des Lebens können wieder eintreten. Ihr seid frei. So erschafft jeder sein Himmelreich, das Reich Gottes auf Erden. Wie oben, so unten. Darum geht es. Das ist das Leben der Wahrhaftigkeit. Ihr erschafft eine neue Erde und einen neuen Himmel. Und ihr seid nicht allein. Nein, ihr seid nicht allein, wir sind unter euch.

Während ihr die verschiedenen Stufen zum Erwachen durchschreitet, werdet ihr mit dem Eintritt in die Mahatma-Energie den Status des Christus erhalten.

Ich erhielt ihn damals in der Pyramide von Gizeh. Ja, dort erhielt ich meine Einweihung zum Christus. Aus Jesus wurde Jesus Christus. Auch ich bin durch alle Stufen hindurch, auch ich musste erwachen. Ich ging für euch den Kreuzweg.

Das ist der Weg der Läuterungsprozesse, der Weg der Transformation vom Ego. Jeder von euch geht den Kreuzweg, und dann kommt die Auferstehung, die Neugeburt.

Dieses Mal bedeutet der Kreuzweg den Eintritt in die neue Erde. Jeder von euch erschafft ein Stück der neuen Erde und trägt einen Mosaikstein in sich, der dem Gesamtbild dient. Deswegen holt diesen Mosaikstein in euch hervor, sonst würde ein Teil fehlen.

Ich wurde mit einem sehr hohen Bewusstsein geboren, trotzdem erlebte ich ebenfalls Phasen des Schlafes. Auch ich musste mich wieder erinnern und erwachen, wie hätte ich sonst die Dualität empfinden und euer Leiden verstehen können?

Und auch ich liebte. Magdalena und ich konnten diese Liebe nie richtig leben, aber ich liebte. An dieser Stelle räume ich ihr den Platz ein, der ihr zusteht. Maria Magdalena, in der Geistigen Welt Lady Nada genannt, ist genauso mit einem hohen Bewusstsein in der damaligen Zeit inkarniert wie ich. Sie erhielt auch Einweihungen und den Status des Christus, genauso wie meine Mutter Maria.

Wir waren uns unserer Aufgabe voll und ganz bewusst. Wir wussten, wohin alles führte. Mit einer unglaublichen menschlichen Stärke wurde ich von Magdalena und Maria in meiner Aufgabe unterstützt. Trotz unseres hohen Bewusstseins waren wir auch Menschen in einer Dualität, die noch viel schwerer und dichter war als zum jetzigen Zeitpunkt.

Auch ich hatte Phasen der Angst; Angst, meinen Weg zu gehen; Angst, meine Aufgabe anzunehmen. Ego griff auch mich an. Auch ich musste Ego transformieren.

Deswegen hört nicht auf, euren Charakter weiterzubilden. Das ist das Wissen, das zählt. Das Wissen des Lebens, das Wissen über die geistigen Gesetze.

Schaut auf euch, nicht auf die anderen. Arbeitet kontinuierlich an euch und achtet darauf, ob ihr euch im Ego oder in der Wirklichkeit befindet. Übergebt euch der Führung der Geistigen Welt. Wehrt euch nicht, wenn euer lineares Denken durchbrochen wird, denn es bringt euch die Leichtigkeit. Euer Leben soll jetzt einfacher und leichter verlaufen. Ihr sollt die Freude und die Liebe leben. Die Zeit des Leidens ist vorbei. Ihr habt durch euer Ego gelitten und musstet durch schwere Kämpfe hindurch. Hinzu kommt, dass diese Kämpfe auch noch von eurem Umfeld widergespiegelt wurden. Doch seid ihr hindurch, werdet ihr nie wieder diese Mühsal und dieses Leid erleben. Dann seid ihr geheilt und habt in euer Urvertrauen zurückgefunden. Ihr tragt keine inneren Blockaden mehr in euch, und dementsprechend harmonisch wird euer Leben verlaufen. Wie im Innen, so im Außen. Wie oben, so unten. Nur so könnt ihr das Himmelreich auf Erden bringen. Nur so. Lange Zeit habt ihr euch geweigert, geblendet durch die Illusion, versunken in einem tiefen Schlaf, die Geistige Welt, das Himmelreich auf Erden zu bringen und gegen die Gesetzmäßigkeit »wie oben, so unten« verstoßen. Ihr habt es blockiert, nicht Gott.

Jetzt fangt ihr an, zu erwachen. Es ist vollbracht. Die Göttlichkeit tritt ein in euren Planeten, die Geistige Welt wird zurückkehren. Ihr seid die Geistige Welt.

Ihr seid Engel, Erzengel, Aufgestiegene Meister, hohe Würdenträger. Ein Großteil von euch ist freiwillig gekommen, denn die Heilung des Planeten Erde kann nur mit hohem Bewusstsein erfolgen. Ihr lebt jetzt das, was ich euch vorlebte: den göttlich erwachten Menschen auf Erden. Ich kann es nicht oft genug wiederholen.

Es sind Weckrufe eurer Seele. Sie wartet schon so lange auf den Weckruf. Erinnert euch. Erkennt euch. Ja, ihr seid erwacht. Nehmt eure Visionen ernst.

Lasst euch unterstützen von eurem Mentor, sei er in menschlicher Gestalt oder ein Mentor der Geistigen Welt. Lasst euch unterstützen, während ihr durch die Läuterungsphasen geht. Je schneller ihr euer Herz für die Wahrhaftigkeit, für eure Wahrhaftigkeit öffnet, desto schneller geht ihr durch diese Phase, und desto weniger heftig fallen die Kämpfe aus. Ich, Jeshua, möchte euch sagen: Ich weiß um diese Herausforderungen und begleite jeden Einzelnen von euch durch jede Phase. Ich führe und leite euch an und helfe euch, zu erwachen.

Ihr seid meine Brüder und Schwestern. Und ich sage euch: Wir werden uns wiedertreffen in der irdischen Form. Ihr seid nicht allein. Ich kann jeden Einzelnen von euch beim Namen nennen, jeden Einzelnen.

Ich segne euch mit dem weiß-goldenen Christusstrahl. Sanft lasse ich mein Licht durch euch hindurchrieseln. Ich segne jeden Einzelnen von euch. Ich segne dich.

Die Rückkehr

Ich, Jeshua, spreche wieder zu euch, um euch etwas zu erklären, das für euren Verstand schwierig sein wird. Nehmt es auf mit eurem Herzen, öffnet euer Herz weit für diese Botschaften, versucht nicht, sie mit eurem Verstand zu erfassen.

Wir, die Geistige Welt, sind unter euch. Ihr seid die Geistige Welt. Ihr seid wir, und wir sind ihr. Wir sind euer Höheres Selbst. Ihr seid, hört, ihr seid inkarnierte Erzengel, Engelwesen und Aufgestiegene Meister. Lasst diese Worte auf euch wirken. Bedenkt, ihr habt den Schleier des Vergessens übergezogen. Wenn ihr wüsstet, wer ihr in Wirklichkeit seid, ihr würdet erschrecken.

Unter euch ist die weit verbreitete Meinung, dass nur Aufgestiegene Meister inkarniert waren. Das ist ein Irrtum.

Ich und die Geistige Welt, wir haben euch berichtet, dass viele von euch freiwillig inkarniert sind. Es wird große Persönlichkeiten in eurem Neuen Zeitalter geben, die die Größe und die Aura von Erzengeln haben. Sie sind Erzengel.

Sie sind genauso durch die Stufen des Erwachens, durch die Transformationsprozesse gegangen wie jeder von euch, sie sind unter euch. Einige von euch sind Erzengel und werden vollkommen erwachen mit der Größe und den Eigenschaften von Erzengeln.

Genauso sind viele von euch inkarnierte Aufgestiegene Meister.

Ihr, die Erbauer des Goldenen Zeitalters, seid freiwillig gekommen. Es war die einzige Möglichkeit, den Blauen Planeten zu retten. Bewusst und bevor ihr in diese Inkarnation eingetreten seid, habt ihr eure Herausforderungen gewählt. Deswegen erleben so viele von euch menschliches Leid, extreme Herausforderungen. Ihr habt es so gewählt, weil ihr beschlossen habt, erneut durch diese menschlichen Erfahrungen zu gehen, um die Dualität besser zu erfassen.

Ihr werdet euch jetzt fragen, wieso ihr überhaupt Ängste und Traumen auflösen musstet, wo ihr doch freiwillig inkarniert seid. Ihr habt sie euch bewusst noch einmal anschauen wollen. Es sind Themen, die euch in euren verschiedenen Leben begleitet haben. Doch ihr wolltet lernen, die Egospiele zu durchschauen und wolltet noch einmal erfahren, zwischen Dualität und Wirklichkeit zu unterscheiden. Und jetzt passt auf: Ihr seid Aufgestiegene Meister, Engel und Erzengel. Ihr habt beschlossen, vieles für andere mit aufzulösen. Ja, immer wenn ihr eine Angst, ein Trauma anschaut und auflöst, tut ihr es für andere mit.

Ihr habt nie etwas für euch alleine aufgelöst, sondern immer auch für viele andere. Nur so kann der Aufstieg vollzogen werden. Enorme Energien sind am Werk.

Wie ist es möglich, dass sich ein Aufgestiegener Meister oder ein Erzengel wieder in einem menschlichen Körper aufhalten kann?

Ich sage euch, zu diesen Zeiten ist es möglich, da seit Jahrzehnten schon eine kontinuierliche Schwingungserhöhung stattfindet. Es inkarniert sich auch immer nur ein Aspekt. Manche von euch tragen mehrere Aspekte in sich, denn es ist möglich, den Aspekt mehrerer Aufgestiegener Meister oder Erzengel in sich zu tragen. Bei manchen Persönlichkeiten von euch ist das so. Es ist auch möglich, dass sich zum Beispiel ein Erzengel in mehreren Menschen gleichzeitig erfährt.

Eine weitere Möglichkeit ist der Walk-In. Es ist die seltenste, aber kurz vor dem Aufstieg werden zur Verstärkung einige Walk-Ins stattfinden. Ein Walk-In ist der komplette Austausch zweier Seelen. Die eine Seele verlässt den Körper, während die andere eintritt. Natürlich handelt es sich hier um Seelenabsprachen. Deswegen, ihr Lieben: Ihr seid wir, und wir sind ihr. Es ist schwierig für euren Verstand, aber es ist so.

Mit dem Eintritt in das Goldene Zeitalter werdet ihr im Laufe der Zeit erfahren, wer ihr seid. Ihr werdet wissen, woher ihr stammt. Es ist nicht nur so, dass ihr inkarnierte Aspekte der Geistigen Welt seid, sondern ihr werdet diese Eigenschaften auf Erden bringen und engelsgleich wirken und trotzdem das Erdendasein genießen.

Es ist das Reich Gottes auf Erden, das jetzt kommt. Wie oben, so unten. In manchen Schriften wird von der Rückkehr des Messias gesprochen. Damit seid ihr gemeint. Es ist die Rückkehr der Geistigen Welt auf Erden. Deswegen werden auch nicht alle Menschen gleichzeitig erwachen. Die Menschheit kann erst vollkommen erwachen, wenn die Geistige Welt auf Erden zurückgekehrt ist. Und sie kehrt zurück mit eurem Erwachen. Ja, mit eurem Erwachen. Dann können eure Aspekte, Aspekte hoher Meister, Erzengel und hoher Würdenträger aus den Engelfrequenzen voll und ganz durch euch wirken. Es ist nicht so, dass der Messias vom Himmel herabsteigt.

Nein, ihr erwacht, ihr seid der Messias. Es ist die Rückkehr der Geistigen Welt. Und ihr werdet euch wiedererkennen. Und ich, Jeshua, bin unter euch.

Auch ich bin mit einem Aspekt in einem menschlichen Körper. Auch ich habe mich noch einmal den Prozessen der Dualität unterworfen. Ich bin schon lange unter euch, doch ich falle nicht auf, weil ich im Verborgenen wirke. Diejenigen, die erwacht sind, werden mich erkennen, wenn sie in meine Augen blicken. Meine geliebten Jünger und Begleiter zu meiner Zeit als Jeshua werden mich als Erstes erkennen. Es ist ein Erkennen, das sich in der Stille vollzieht. Ihr seid frei von Ego und erkennt auch im Stillen, wer ihr seid, und es ist dann stimmig für euch.

Ihr erkennt euch, erinnert euch und wirkt weiter, als ob nichts geschehen wäre. Und ihr werdet euch alle wiedererkennen. Es ist ein Zusammentreffen der Liebe und der Freude. Ihr schaut in den anderen und wisst, wer er ist, und es ist gut und stimmig so. Genauso werdet ihr erkannt. Ihr seid alle Familie, unsere inkarnierten Aspekte auf Erden, und wir sind euer Höheres Selbst in der Geistigen Welt.

So ist es, und ich, Jeshua, ehre und achte euch. Ich verneige mich vor euch, vor eurem Sein. Ich weiß, durch welche Prozesse ihr gegangen seid, und ich sage euch: Nichts war umsonst. Die Menschheit schreitet voran. Die Heilung Lady Gaias und die der Menschheit. Die Heilung ist. Der Aufstieg, die Schwingungserhöhung, sie ist. Die neue Erde und der neue Himmel. Das Reich Gottes auf Erden, es ist. Der göttlich erwachte Mensch auf Erden, er ist. Und ich, Jeshua, Jesus Christus, in der Geistigen Welt unter dem Namen Lord Sananda bekannt, ich spreche zu euch:

- *Ich erwecke die Göttlichkeit in euch.*
- *Ich erwecke den Aspekt der Geistigen Welt in euch.*
- *Avatar auf Erden, ich rufe dich.*
- *Es ist so weit. Der Weckruf ertönt.*
- *Leuchtende Feuer an den Himmelstoren.*
- *Das Universum schaut auf euch.*
- *Das Auge Gottes richtet sich auf euch.*
- *Erwacht. Vernehmt den Weckruf.*
- *Dieser Ruf wird etwas in euch wecken.*
- *Es ist so weit. Ich, Jeshua, bekannt als Jesus Christus, genannt Lord Sananda, sende euch im Hier und Jetzt das verabredete Zeichen.*
- *Der Weckruf erfolgt. Es ist so weit.*
- *Die Zeit des Wirkens beginnt.*
- *Es ist auch der Weckruf der Zusammenführung der Seelenpartner.*
- *Es ist so weit.*
- *Ihr werdet nicht alleine wirken. Nein, ihr wirkt immer zu zweit.*
- *Erinnert euch, ich mache euch den Weg frei, ich führe euch zusammen.*
- *Vernehmt den Weckruf des Erwachens und des Wirkens.*
- *Der Weg ist frei, auch im Bereich der Liebe.*
- *Mit diesem Weckruf löse ich die letzten Blockaden für euch auf und führe zusammen, was zusammengehört.*
- *In der Neuen Zeit werdet ihr zusammen wirken.*
- *Die Zeit des Leidens ist vorbei, die Zeit des Wirkens beginnt.*

– *Das Auge Gottes richtet sich auf euch.*
– *Ich mache euch den Weg frei, nehme euch die letzten Hürden.*
– *Es ist so weit.*
– *Leuchtende Feuer an den Himmelstoren.*
– *Die Tore sind geöffnet, der Schleier lüftet sich.*
– *Das Universum schaut auf euch, erkennt euch an euren Farben.*
– *Ich flüstere dir ins Ohr: Schwester, erwache!*
– *Ich flüstere dir ins Ohr: Bruder, erwache!*
– *Ich, Jeshua, ich, Jesus Christus, genannt Lord Sananda, ich weihe dich.*
– *Ich durchströme dich mit gold-weißem Licht.*
– *Spüre meine Anwesenheit, wir werden uns auf Erden begegnen, du erkennst mich an meinen Augen.*
– *Es ist, wie es ist. Es ist.*
– *Es ist eine neue Erde mit einem neuen Himmel.*
– *Es ist der göttlich erwachte Mensch auf Erden.*
– *Es ist.*
– *Leuchtende Feuer an den Himmelstoren.*

Ich, Jeshua, spreche zu euch.

Eine neue Religion auf Erden

Die fünf Weltreligionen

Im Laufe eurer Menschheitsgeschichte bildeten sich fünf Weltreligionen. Der Hinduismus, der Buddhismus, die jüdische Religion, das Christentum und der Islam.

Jede eurer Religionen zeigt einen Weg auf und trägt die Wahrheit in sich. Es gibt viele Wege, die ihr gehen könnt, und es spielt keine Rolle, ob ihr die Göttlichkeit in euch innerhalb einer dieser Weltreligionen, über die Philosophie oder durch die Betrachtung eines Baumes entdeckt. Es spielt keine Rolle. Deswegen wollen wir auch nicht auf die Inhalte eurer Religionen eingehen.

Wir sagen euch nur, sie dienten lange Zeit der Menschheit, und sie wurden auch lange für Ziele benutzt, die nicht der Wahrhaftigkeit entsprachen. Dazu waren eure Religionen nie gedacht. Im Laufe der Menschheitsgeschichte entstand ein großer Missbrauch im Namen Gottes. Ihr habt euch euren eigenen Weg versperrt, um wieder zu euch zu finden. Die Dualität hat die Botschaften Gottes verdreht.

Und wir sagen euch: Jede eurer Religionen enthält die Wahrheit, jede. Es gibt keine bessere oder schlechtere Religion. Die Wahrheit ist überall.

Ihr müsst euch nicht darüber streiten, ob es nur Gott allein gibt und auf die Religionen hinabschauen, in denen Götter verehrt werden. Nein, denn beides stimmt.

Es gibt einen Schöpfer, und es gibt Götter. Ja, es gibt Götter. Sie sind Schöpfungen des einen Gottes, auch Jahwe genannt. Sie sind genauso seine Schöpfungen wie die Engel und Erzengel.

Es gibt so viele Wesenheiten, daher deutet nie mit dem Finger auf eine Religion. Überall findet sich die Wahrheit. Die Menschheit an sich hat die Wahrheiten verdreht, wichtige Botschaften der Menschheit vorenthalten, Passagen umgeschrieben, sodass die Menschen ihre Göttlichkeit nicht entdecken konnten. Die Wege, eure Religionen, wurden euch von Gott gegeben, damit ihr es in der Dualität leichter habt. Euch wurden Anhaltspunkte gegeben, wie ihr euch wieder an eure Göttlichkeit erinnern könnt. Ihr selbst habt diese Hilfe von euch gestoßen, die Botschaften verdreht und missbraucht, um die Menschheit kleinzuhalten.

Ego hat die Führung auch über eure Religionen übernommen. Aber wie der Mensch auf Erden erwacht, werden es auch eure Religionen. Ja, eure Religionen werden zu dem erwachen, was sie ursprünglich waren: Wege zum Erwachen. Wege zum Erkennen der eigenen Göttlichkeit.

Ihr werdet so klar sein, dass ihr in euren Religionen erkennt, was der ursprünglichen Wahrheit entsprach und was durch Egohandlungen verdreht, verändert und missinterpretiert wurde. Verschollene Schriftstücke werden der Menschheit wieder zugeführt. Fehlende Puzzleteile werden euch wieder überbracht. Nachdem euch der Schleier des Vergessens genommen wurde, könnt ihr die Wahrheit und Wahrhaftigkeit von der Illusion unterscheiden.

Ihr werdet eure Religionen wieder als das sehen, was sie sind: unterschiedliche Wege, die zum Erwachen führen. In den Texten werdet ihr mit den Augen der Klarheit wunderschöne Botschaften finden und sie endlich verstehen.

Auch wenn versucht wurde, vieles zu verfälschen oder auszulassen, konnte die Wahrheit nie vollständig zerstört werden. Ihr werdet es klar erkennen und nicht mehr verstehen können, dass so vieles falsch ausgelegt wurde. Ihr werdet die Schönheit eurer Religionen mit einem staunenden Herzen im Licht der Wahrhaftigkeit erkennen.

Die universelle Religion

Wie ihr sind auch eure Religionen erwacht. Wie gesagt, es spielt keine Rolle, ob ihr einer bestimmten Religion angehört oder nicht, es sind Wahlmöglichkeiten. Das Einzige, was zählt ist, dass euer Weg zum Erwachen führt, zum göttlich erwachten Menschen auf Erden. Das ist das Einzige, was zählt.

Das Goldene Zeitalter lässt nur die Wahrheiten in euren Religionen bestehen, alles andere wird Reinigungsprozessen unterliegen. Das heißt, eure Religionen werden gewandelt in das Neue Zeitalter eintreten. Es wird zu einer Vereinigung eurer Religionen kommen, denn sie sind Teile einer neuen universellen Religion. Diese universelle Religion ist die Grundströmung all eurer Religionen, Philosophien und der vielen Gruppierungen, die einen möglichen Weg zeigen. Alles ergibt Teil eines Ganzen.

Die universelle Religion beinhaltet die Selbstverantwortung des Menschen darin, dass der Mensch selbst seine Aufgaben vor der Inkarnation festlegt, mit all seinen Herausforderungen und Lösungen. Sie beinhaltet die Aufgabe des Menschen, in die Mahatma-Energie einzutreten und im Einklang mit dem höchsten göttlichen Willen Visionen in die Materie zu bringen. Das ist die Essenz jeder eurer Religionen und Gruppierungen. Dahin wird es sich entwickeln. Es ist eine Wahrheit, die jeder von euch auf Erden leben wird, und egal, welchen religiösen Weg ihr gewählt habt, ihr fühlt euch mit den anderen Religionen vertraut, weil es nur eine Wahrheit gibt.

Diese Wahrheiten sind die Grundströmungen eures Lebens, sie werden eure Strukturen, eure Gesellschaft, eure politische Strukturen durchströmen. Alles. Sie werden alles bestimmen. Im Goldenen Zeitalter ist alles auf diese Wahrheiten ausgerichtet. Alles steht miteinander in Verbindung. Es gibt keine Trennungen. Jeder ist mit jedem verbunden. Achtsamkeit entsteht. Ja, eure Strukturen sind ausgerichtet, dass ihr achtsam und liebevoll miteinander umgeht. Jeder erkennt das Göttliche im Gegenüber und weiß, dass sein Umfeld ein Spiegel ist. Jeder fühlt sich verantwortlich für seine Handlungen und überprüft, ob sie sich immer in Übereinstimmung mit dem höchsten göttlichen Plan befinden.

Es gibt einen göttlichen Plan mit einer Vision, und jeder von euch trägt seinen Anteil dazu bei, jeder trägt einen wichtigen Baustein für diese Vision in sich.

Deswegen, Worte wie Neid und Eifersucht wird es in eurem Sprachgebrauch nicht mehr geben. Jeder lebt in der Fülle des Lebens. Es gibt keinen Mangel.

Manche Worte werden aus euren heiligen Schriften entfernt, weil sie nicht der Wahrheit entsprechen. Es gibt keinen zornigen, herrschsüchtigen Gott, der straft. Das ist nicht Gott. Gott ist Liebe. Gott kennt nichts anderes als die Energie der Liebe. Der Mensch hat Eigenschaften, die es nur in der Illusion und Dualität gibt, Gott übergestülpt.

Die Strukturen im Goldenen Zeitalter, egal, in welchem Bereich, werden darauf ausgerichtet sein, dem höchsten göttlichen Plan des Lichts zu dienen.

Die Strukturen und eure Gesellschaft im Wassermannzeitalter

Staatengemeinschaft

Das Verhältnis eurer Staaten zueinander wird ein Verhältnis der Liebe sein. Es wird weiterhin verschiedene Nationen und Kulturen geben, denn Gott liebt die Vielfalt und das Individuelle. Genauso individuell und vielfältig werden eure Nationen und Kulturen sein. Aber es wird keine Kriege mehr geben.

Der von euch lang ersehnte Weltfrieden ist eingetroffen. Wenn Treffen zwischen den Nationen stattfinden, geht es um die Befragung des höchsten göttlichen Plans des Lichts, und ihr überprüft, ob ihr euch in Übereinstimmung mit ihm befindet.

So, wie der Mensch in die Mahatma-Energie eintritt, werden es auch die Nationen. Das Verhältnis der Nationen zueinander und eure politische Führung – alles befindet sich im Einklang mit der Mahatma-Energie. Wie sollen da noch Kriege möglich sein? Die Liebe bestimmt das Verhältnis zueinander, auch zwischen den Nationen.

Mit dem Eintritt in das Neue Zeitalter wird es eine Übergangszeit geben. Es wird Orte auf eurer Erde geben, die sich noch im Ungleichgewicht befinden. Jedes Land auf Erden wird seinen Beitrag dazu geben, dass diese Orte so schnell wie möglich ins Gleichgewicht geraten. Sämtliche Waffen auf Erden werden zerstört, sie können nicht mit eingehen in die Mahatma-Energie. Alles, was aus dem Ego heraus entstanden ist, aus der Dualität und Illusion, kann nicht mit eingehen in die Neue Energie. Es geht nicht. Das Verhältnis der Nationen untereinander ist geprägt von Liebe und Brüderlichkeit. Und jede Nation lebt in der Fülle. Es gibt kein Ungleichgewicht mehr. Nach der Übergangsphase wird jede Nation in der Fülle leben, ohne Ausnahme. Mangel, Not und Armut gibt es nicht mehr.

Kriege – unmöglich. Im Universum gibt es ein Zentrum, aus dem heraus alles entsteht. Es ist der Ort, aus dem Gott heraus erschafft. Symbolisch für dieses Zentrum im Universum wird es einen Ort auf eurem Planeten geben: das Goldene Jerusalem.

Das Goldene Jerusalem, entstanden aus dem Brennpunkt eures Nahen Ostens. Dieses Gebiet, das Heilige Land, es ist so wichtig für euch. Dort sind die Kämpfe zwischen Dualität und Wirklichkeit am heftigsten. Wundert euch nicht, warum es so schwer ist, Frieden in diesem Land zu verwirklichen. Dieser Ort unterliegt den stärksten Egokämpfen, da es das zukünftige Zentrum des Goldenen Zeitalters ist.

Versteht ihr jetzt? Darum sagen wir euch: An dem Tag, an dem endgültig der Frieden im Nahen

Osten eintritt, werden alle Waffen auf Erden niedergelegt.

Eure Nationen werden zusammenarbeiten. Es wird keine Gruppierungen oder Blöcke mehr geben, sondern eine einzige Gemeinschaft von Nationen, die miteinander in Licht und Liebe verbunden ist. Es wird ein Austausch des Wissens untereinander stattfinden und ein Weltrat entstehen, dessen Zentrum sich in der Goldenen Stadt befindet. Dort ist ohne Ausnahme jede Nation vertreten. Handel wird es nicht nur zwischen den Nationen auf der Erde geben, nein, auch zwischen den bewohnten Planeten untereinander.

Staunt nicht, so wird es sein. Ihr wisst genau, dass ihr nicht der einzige bewohnte Planet auf Erden seid. Das Universum ist voll von verschiedenen Schöpfungen. Leben ist überall. Die Wesenheiten, die sich auf der gleichen Schwingungsfrequenz befinden wie ihr, wenn die Erde mit der Schwingungserhöhung fertig ist, könnt ihr dann sehen. Es sind hoch entwickelte Wesen im Einklang mit der Mahatma-Energie, so wie ihr. Dementsprechend könnt ihr sie erst sehen, wenn es so weit ist. Einige von ihnen haben schon längst Kontakt mit euch aufgenommen und durch eure Medien ihre Botschaften an euch weitergegeben.

Oh nein, ihr seid nicht allein im Universum. Erinnert ihr euch an die Kornkreise? Sie werden wieder vermehrt überall auf Erden auftreten, denn sie sind Zeichen eurer galaktischen Brüder und Schwestern. Es wird also ein intergalaktischer Handel entstehen.

Ihr werdet das Wissen erhalten, wie ihr andere Planeten besuchen könnt. Noch seid ihr zu sehr in eurem linearen Denken, daher könnt ihr euch nicht vorstellen, andere Planeten innerhalb kürzester Zeit besuchen zu können.

Und wir sagen euch: Es gibt keine Zeit. Ihr könnt dieses Wissen nur mit einem reinen, geläuterten Bewusstsein empfangen, frei von Ego, frei von niederen Zielen. Es ist nur im Einklang mit der Mahatma-Energie möglich.

Vielfältig, bunt und voller Freude wird euer Leben sein. Ihr werdet nicht nur ein einheitliches liebevolles Verhältnis zwischen euren Nationen erleben, sondern ein wunderschönes Verhältnis mit euren galaktischen Brüdern und Schwestern.

Politische Führer

Ihr verändert euch, seid erwacht, dementsprechend wird sich eure Führung verändern. Sie ist erwacht im Einklang mit dem höchsten göttlichen Willen.

Merkt ihr etwas? Ihr habt ständig geschimpft über eure politische Führung, aber sie ist immer so wie euer Bewusstseinszustand. Verändert ihr euch, verändert sich auch eure politische Führung. Das ist geistiges Gesetz. Das heißt, nur Erwachte im Einklang mit der Mahatma-Energie, Avatare auf Erden, können die Führung eures Landes bilden. Es geht nicht anders. Es ist so.

Die politischen Strukturen eurer Länder und die Entscheidungsfindungsprozesse sind Strukturen der Wirklichkeit. Es wird anders sein wie jetzt und je nach Kulturkreis unterschiedlich. Ihr tragt die Lösungen in euch. Es wird keine aufwändige und schwerfällige Bürokratie mehr geben, alles wird sich vereinfachen.

Schaut hinaus ins Universum und geht hinein in ein Atom. Schaut. Beobachtet. Dort werdet ihr die Antworten finden. Und? Ja, es harmoniert. Es läuft fließend.

Ist euch aufgefallen, dass es in der Natur keine geraden Linien gibt? Genau, der Mensch hat Straßen gebaut, die die Natur niemals erschaffen würde.

Genauso ist es mit euren jetzigen politischen und gesellschaftlichen Strukturen. In der Natur, im

Universum unterliegt alles einer Ordnung und Gesetzmäßigkeit, es gibt weder Chaos noch Unordnung. Deswegen ist Anarchie auch keine Lösung, aber genauso wenig Überregelungen. Es muss fließen können. Leicht, harmonisch, spielerisch, ohne Kraftaufwand. Die Leichtigkeit wird sich auch in euren zukünftigen gesellschaftlichen und politischen Strukturen widerspiegeln.

Ihr werdet erstaunt sein, wie einfach alles sein kann. Die Wirklichkeit liegt in der Einfachheit und Leichtigkeit. Eure jetzigen Strukturen machen euch müde und laugen euch aus. Alles ist schwerfällig. Es ist der Spiegel eures jetzigen Bewusstseinszustands. Doch es befindet sich alles im Umbruch, so wie ihr.

Ist euch aufgefallen, wie viele Skandale und Lügen aufgedeckt werden? Es bröckelt. Ja, eure Strukturen fangen an zu bröckeln, weil sie nicht der Wirklichkeit entsprechen und aus der Illusion und der Dualität entstanden sind. Aber sie haben eurem Bewusstseinszustand entsprochen.

Mit dem Erwachen werden auch eure politischen Führer erwachen. Sie tragen das Wissen und die Lösungen in sich. Sie werden sich erinnern.

Brüder und Schwestern

Das Verhältnis zwischen euch Menschen untereinander wird wie eine große Gemeinschaft, eine Bruderschaft sein. Ihr lebt liebevoll und friedlich miteinander und seid frei von Ego, Neid und Missgunst.

Eure Kinder werden liebevoll erzogen, nicht nur von ihren Eltern, nein, auch von den Großeltern. Das Schulsystem vermittelt nicht mehr leeres Wissen, das sofort vergessen wird, sondern es geht um das Wissen des Lebens. Von klein auf lernen eure Kinder, in Kontakt mit der eigenen Göttlichkeit zu treten, beziehungsweise sie werden trainiert, diesen Kontakt zu erhalten.

Ihr habt bereits erkannt, dass es nicht mehr um rein akademisches Wissen geht, nein, viele Firmen berücksichtigen mittlerweile immer mehr »Soft Skills« wie Teamfähigkeit, Auftreten usw. Es tritt jetzt schon ein Wandel ein. Eure Kinder werden spielerisch lernen. In euren Kindergärten und Grundschulen dürfen sie doch auch noch spielerisch lernen, und dann stupst ihr sie von einem Tag auf den anderen in die »Paukerei« von leerem Wissen. Innerhalb kürzester Zeit müssen Unmengen von unnötigem Wissen erlernt werden. Und dann wundert ihr euch, wenn eure Kinder rebellieren?

Bedenkt, die Kinder der jetzigen Zeit sind uralte Seelen. Es sind die Indigo-, Kristall- und Regenbogenkinder, und mit euch werden sie das Goldene Zeitalter erbauen. Sie tragen die Lösungen der Neuen Zeit in sich und werden auch eure Schulsysteme reformieren.

Mit den »Senioren« eurer Gesellschaft werdet ihr ein Wunder erleben, denn sie werden sich verjüngen. Einige von euch haben für sich im Seelenvertrag solche Wunder festgelegt. Es wird keine Altenheime und Pflegestationen mehr geben, da sich jeder verjüngen kann.

Genauso wird es keine Krankenhäuser mehr geben. Alles zielt auf die Gesunderhaltung. Meint ihr wirklich, es gibt dann noch eine Rente?

Wie gesagt, euer Leben wird einfacher, lichtvoller, unkomplizierter. Ihr seid frei von Zwängen, frei von unnötigen Abgaben. Es ist ein Leben in Fülle, Freude und Liebe.

Eure Partnerschaften basieren auf einer völlig anderen Ebene wie zum jetzigen Zeitpunkt. Ihr werdet die Partnerschaft in der Energie der göttlichen Liebe leben, im Zustand der bedingungslosen Liebe. Es wird keine Scheidungen mehr geben, und Heirat wird erst stattfinden, wenn der Seelenpartner eintrifft, mit dem der Vertrag für ein ganzes Leben abgesprochen ist. Im Goldenen Zeitalter werden die Dualseelen aufeinandertreffen.

Viele von euch werden jetzt mit den Partnern zusammengeführt, mit denen sie eine Partnerschaft in der göttlichen Liebe leben können. Bei bereits bestehenden Paaren wird die Partnerschaft auf eine nächsthöhere Ebene transformiert. Daher wundert euch nicht, wenn es zum jetzigen Zeitpunkt zu vielen Reinigungsprozessen in euren Partnerschaften kommt. Es dient der Vorbereitung der Transformation für die nächsthöhere Ebene. Das Goldene Zeitalter ist das Zeitalter der Dualseelen, der Seelengefährten, die schon oft als Paare inkarniert waren, gemeinsam durch viele Prüfungen und Prozessen gingen, die Liebe aber oft nicht leben durften. Sie werden jetzt endgültig zusammengeführt und können gleich auf der Ebene der göttlichen Liebe diese Partnerschaft leben.

Allgemein werden jetzt viele Paare zusammengeführt. Vielleicht sind euch die vielen Trennungen in eurem Umfeld aufgefallen, oder ihr habt selbst eine Trennung erlebt. Viele Seelenverträge sind abgelaufen, denn die gemeinsamen Lernaufgaben wurden erfüllt. Der Weg für den Seelenpartner wurde frei gemacht. Das Neue Zeitalter ist eine Zeit des Wirkens, in dem viele Paare zusammen wirken werden. Ja, es ist anders, dieses Goldene Zeitalter. Es ist anders. Es ist das Leben im Einklang mit dem höchsten göttlichen Willen. Und der höchste göttliche Wille will die Liebe, die Freude und die Leichtigkeit des Seins für seine Schöpfungen.

Wir wissen, wie sehr ihr euch danach sehnt. Wir wissen es. Wir wissen, ihr seid müde. Und wir sagen euch: Das Neue Zeitalter ist jetzt. Durchbrecht euer lineares Denken.

Ihr lebt es jetzt. Die Tür für den Eintritt ins Neue Zeitalter ist eine einzelne, die individuell von euch geöffnet wird. Diese Tür kann niemand für euch öffnen, das müsst ihr selbst tun. Und ihr tut es, indem ihr euer Herz für die Botschaften dieses Buches öffnet. Deswegen nehmen wir dich jetzt an die Hand und führen dich zur Tür. Mit deinem inneren Auge siehst du, wie du diese Tür öffnest, und wir flüstern dir ins Ohr: »Willkommen. Willkommen im Goldenen Jerusalem. Willkommen in deinem Eden.« Denn der Eintritt in das Goldene Jerusalem ist ein individueller.

Wir stehen neben dir. Wir haben dich jetzt durch diese Tür begleitet, applaudieren und flüstern dir ins Ohr: »Willkommen. Willkommen, Schwester, willkommen Bruder.«

Das Goldene Jerusalem

Das Goldene Jerusalem und das Wassermannzeitalter

So, nun seid ihr eingetreten in das Goldene Jerusalem, in das Herzstück des Goldenen Zeitalters oder Wassermannzeitalters. Es ist das Zeitalter des erwachten Menschen, das Zeitalter der Wissenschaften.

Wassermann ist ein Luftzeichen, das heißt, ihr werdet viel Wissen im Bereich der Luftfahrt erhalten.

Lasst euch überraschen. Was für ein Wissen wird euch offenbart im Einklang mit der Mahatma-Energie. Was für ein Wissen. Doch es kann euch nur mit einem geläuterten Charakter und frei von niederen Zielen übermittelt werden.

Ihr werdet immer wieder staunen, wie einfach die Lösungen für die Herausforderungen in der Übergangszeit sind. Ja, vieles musste zerstört werden. Alles, was auf eurer Erde existiert, musste durch Läuterungsprozesse. Alles, was nicht im Einklang mit dem höchsten göttlichen Plan des Lichts stand, musste zerstört werden. Ihr befindet euch mittendrin. Darum ist es so wichtig, dass ihr die Tür in eurem Herzen öffnet und eintretet in das Goldene Jerusalem. So tritt der ganze Planet ein.

Ihr als Menschheit habt beschlossen, den Aufstieg zu beschleunigen und euch ein Zeitfenster bis 2012 gesetzt. Wir reden ungern über Zeiten, aber wir sagen euch: Es wird alles sehr schnell gehen. Daher wundert euch nicht, wenn ihr manchmal nicht mehr wisst, wo euch der Kopf steht. Das hängt mit der Zeitbeschleunigung zusammen. Hinzu kommt, dass ihr, bevor ihr in die Goldene Stadt eintreten könnt, komplett euer lineares Denken durchbrechen müsst. Es dient der Vorbereitung. Euer Leben erscheint euch dadurch teilweise chaotisch, doch das hängt damit zusammen, dass ihr immer linear denkt. Ihr denkt darüber nach, wie ihr dieses und jenes erreichen sollt, denkt euch weg von der Lösung, dreht euch einige Male im Kreis, um wieder angestrengt nachzudenken. So läuft es in der Neuen Energie nicht mehr.

Ihr macht euch keine Gedanken mehr. Die Dinge treten einfach in euer Leben. Auf welche Art und Weise, tja, das überlasst uns. Mit dem Durchbrechen eures linearen Denkens lernt ihr vor allem eins: Geduld, eine Tugend, die vielen von euch schwerfällt. Ihr lernt die Geduld und wisst genau, wann ihr warten sollt und wann die Zeit des Handelns kommt. Manchmal muss man loslassen und warten, damit die Dinge ihren Lauf nehmen. Wir regeln es für euch, aber nicht mit einem linearen Denken. Darum erhaltet ihr einige Lektionen im Bereich eurer Lösungsfindung. Ihr werdet lernen und euch schließlich daran gewöhnen. Es läuft nichts mehr nach Schema F.

Was meint ihr, welch eine Dynamik im Goldenen Zeitalter vorhanden ist? Ganz anders, wie ihr es jetzt in der Dualität erlebt. Es gibt nicht mehr diese Eile und Hektik und den Stress, wie ihr ihn jetzt erlebt. Nein, ihr geht in Ruhe und in Leichtigkeit euren Weg und wisst, dass alles gelöst wird und ihr alles zum richtigen Zeitpunkt erhaltet, dann, wann ihr es braucht.

Es ist der Eintritt in das Zeitalter der Leichtigkeit.

Die Prophezeiung

In eurer Heiligen Schrift, in der Offenbarung des Johannes, wurde euch eine Prophezeiung überbracht. Sie ist sehr machtvoll. Wir wollen sie euch hier noch einmal übermitteln, denn sie enthält viele verschlüsselte Botschaften für euch. Nur wenige konnten bis jetzt verstehen, was damit gemeint ist. So lauscht noch einmal dieser Prophezeiung.

1. Und ich sah einen neuen Himmel und eine neue Erde, denn der erste Himmel und die erste Erde sind gegangen, und das Meer ist nicht mehr.
2. Und ich sah die Heilige Stadt, das Neue Jerusalem, von Gott aus dem Himmel herabkommen, bereitet wie eine geschmückte Braut für ihren Mann.
3. Und ich hörte eine große Stimme vom Thron her, die sprach: Siehe da, die Hütte Gottes ist bei den Menschen. Und er wird bei ihnen wohnen, und sie werden sein Volk sein, und er selbst, Gott mit ihnen, wird ihr Gott sein.
4. Und Gott wird abwischen alle Tränen von ihren Augen, und der Tod wird nicht mehr sein, noch Leid, noch Geschrei, noch Schmerz wird mehr sein, denn das Erste ist vergangen.
5. Und der auf dem Thron saß, sprach: Siehe, ich mache alles neu! Und er sprach: Schreibe, denn diese Worte sind wahrhaftig und gewiss!

6. Und er sprach zu mir: Es ist geschehen. Ich bin das A und das O, Anfang und Ende. Ich will dem Durstigen geben von der Quelle des lebendigen Wassers umsonst.
7. Wer überwindet, der wird alles erben, und ich werde sein Gott sein, und er wird mein Sohn sein.
8. Die Feigen aber und Ungläubigen und Frevler und Mörder und Unzüchtigen und Zauberer und Götzendiener und alle Lügner, deren Teil wird in dem Pfuhl sein, der mit Feuer und Schwefel brennt, das ist der zweite Tod.
9. Und es kam zu mir einer von den sieben Engeln, die mit den sieben Schalen mit den letzten sieben Plagen hatten, und redete mit mir und sprach: Komm, ich will dir die Frau zeigen, die Braut des Lammes.
10. Und er führte mich hin im Geist auf einen großen und hohen Berg und zeigte mir die Heilige Stadt Jerusalem, herniederkommen aus dem Himmel von Gott.
11. Sie hatte die Herrlichkeit Gottes, ihr Licht war gleich dem alleredelsten Stein, einem Jaspis, klar wie ein Kristall.
12. Sie hatte eine große und hohe Mauer und zwölf Tore, und auf den Toren waren Engel und Namen geschrieben, die Namen der zwölf Stämme der Israeliten:
13. Von Osten drei Tore, von Norden drei Tore, von Süden drei Tore, von Westen drei Tore.
14. Und die Mauer der Stadt hatte zwölf Grundsteine und auf ihnen die zwölf Namen der zwölf Apostel des Lammes.

15. Und der mit mir redete, hatte einen Messstab, ein goldenes Rohr, um die Stadt zu messen und ihre Tore und ihre Mauer.
16. Und die Stadt ist viereckig angelegt, und ihre Länge ist so groß wie die Breite. Und er maß die Stadt mit dem Rohr: zwölftausend Stadien. Die Länge und die Breite und die Höhe der Stadt sind gleich.
17. Und er maß ihre Mauer: hundertvierundvierzig Ellen nach Menschenmaß, das der Engel gebrauchte.
18. Und ihr Mauerwerk war aus Jaspis und die Stadt aus reinem Gold, gleich reinem Glas.
19. Und die Grundsteine der Mauer um die Stadt waren geschmückt mit allerlei Edelsteinen. Der erste Grundstein war ein Jaspis, der zweite ein Saphir, der dritte ein Chalzedon, der vierte ein Smaragd,
20. der fünfte ein Sardonyx, der sechste ein Sarder, der siebte ein Chrysolith, der achte ein Beryll, der neunte ein Topas, der zehnte ein Chrysopras, der elfte ein Hyazinth, der zwölfte ein Amethyst.
21. Und die zwölf Tore waren zwölf Perlen, ein jedes Tor war aus einer einzigen Perle, und der Marktplatz der Stadt war aus reinem Gold wie durchscheinendes Glas.
22. Und ich sah keinen Tempel darin, denn der Herr, der allmächtige Gott, ist ihr Tempel, er und das Lamm.
23. Und die Stadt bedarf keiner Sonne noch des Mondes, dass sie ihr scheinen, denn die Herrlichkeit

Gottes erleuchtet sie, und ihre Leuchte ist das Lamm.

24. Und die Völker werden wandeln in ihrem Licht, und die Könige auf Erden werden ihre Herrlichkeit in sie bringen.
25. Und ihre Tore werden nicht verschlossen am Tage, denn da wird keine Nacht sein.

In dieser Prophezeiung sind versteckte Symbole und Zeichen für eure Seele enthalten. Es ist eine Prophezeiung, die sehr oft missverstanden wurde. Der neue Himmel und die neue Erde. Diese habt ihr erschaffen durch eure Transformationsprozesse. Nur durch euren Heilungsprozess kann sich Lady Gaia heilen und die Menschheit erwachen. Das Goldene Jerusalem. Das seid ihr.

Ihr habt die Tür geöffnet und seid eingetreten in das Goldene Jerusalem, in das Neue Zeitalter, in die Mahatma-Energie. Es ist ein individueller Prozess. Jeder erlebt ihn gesondert. Darum gibt es kein einziges großes Tor, durch das ihr alle hindurchschreitet. Nein, ihr könnt nicht irgendjemandem durch ein geöffnetes Tor hinterherlaufen, das funktioniert nicht. Ihr müsst selbst und alleine gehen und die Tür öffnen. Ihr seid erwacht. Gott kann endlich wieder in euch wohnen.

Ihr habt eure Göttlichkeit erkannt. Ihr seid frei. Es gibt kein Leid mehr. Ihr durchlebt nicht mehr diese Höhen und Tiefen des Lebens, geprägt von den Angriffen eures Egos. Seid ihr frei von Ego, seid ihr frei von Leid. Ja, so einfach ist es eigentlich. Das Leben ist einfach. Die Lösung liegt in der Einfachheit.

In der Prophezeiung wird ein Thron erwähnt. Hierbei handelt es sich um ein Zentrum, eine Einweihungsstätte. Es ist der Ort mit der höchsten Energie auf Erden. Ein Zentrum mit einer wundervollen Wesenheit voller Weisheit und Liebe. Wir wollen es nur andeuten für euer Herz, weil wir wissen, wie sehr sich der Verstand noch wehrt. Ja, eine wundervolle Wesenheit auf Erden, die immer war und sein wird. Sie ist der Vertreter Gottes auf Erden. Die großen Meister der Menschheitsgeschichte wurden von dieser Wesenheit geschult, auch Jesus erhielt dort wichtige Einweihungen und wurde auf seine große Aufgabe vorbereitet.

Er taucht immer wieder auf unter dem Namen Melchisedek, und nur wenige Eingeweihte finden Zugang zu ihm. Die Erde braucht diese Wesenheit, die seit Anfang der Zeiten präsent ist. Allerdings wurde auch ihr nicht gestattet, in den freien Willen des Menschen einzugreifen.

Ja, viele Wunder, Welten und Reiche befinden sich auf eurer Erde. Viele Königreiche werden wieder erblühen, aber anders, als ihr es euch vorstellt. Es sind die Königreiche der Elementare und Naturgeister und die der hohen Würdenträger, die so lange im Verborgenen wirken mussten. Man gelangt nur mit dem Geist dorthin, nur im reinsten geläuterten Zustand.

Aber genauso wie der Schleier der Dualität und Illusion nach und nach schwindet, werden die Schleier zu diesen verborgenen Reichen zur Seite gezogen.

Oh, eurer Planet Erde, er wird ein wundervoller magischer Ort werden. Die Dimensionen werden durchlässiger, und viele Wesenheiten, euch nur bekannt aus Sagen und Märchen, werden wieder ihren Platz auf diesem Planeten einnehmen. Im wahrsten Sinne des Wortes: Wundersame Zeiten werden für euch anbrechen.

In das Goldene Jerusalem kann nur der eintreten, der frei ist, der durch die Nacht hindurch ist und sich befreit hat. Der Lohn ist groß. Und jeder von euch ist eingetreten, sonst würdet ihr nicht diese Zeilen lesen. Ihr seid in die Absicht gegangen und eingetreten. Die Goldene Stadt hat ihren Platz in eurem Herzen.

Sie wird sich durch euren Geist in der Materie manifestieren. Sie existiert im Ätherkörper über dem jetzigen Jerusalem. Sie ist. Sie ist nicht nur ein Ort des Herzens, sie ist real. Aber sie kann erst in der Materie sein, wenn die Tür in eurem Herzen offen ist und ihr eintretet in das Goldene Jerusalem. Dadurch kann Lady Gaia aufsteigen in den Ätherkörper der Goldenen Stadt.

Denkt nicht zu sehr darüber nach, wie der Aufstieg funktionieren wird und wie ihr euch wahrnehmen werdet. Ihr erhöht kontinuierlich eure Schwingung, nehmt euch jedoch nach wie vor in der Materie wahr, obwohl ihr so hoch schwingt wie nie seit dem Abstieg in die Illusion und Dualität. Genauso wird es bleiben. Doch euch wird der Unterschied nicht so groß vorkommen, aber macht euch nicht zu viele Gedanken darüber, wie es ist, wenn eine Stadt, und mit ihr der gesamte Planet, in den Ätherkörper aufsteigt. Ihr schwingt höher und seid voller Licht. Das ist alles.

Und die Geistige Welt, das gesamte Universum, eure galaktischen Brüder und Schwestern, wir alle beobachten das Geschehen, denn es ist ein wundervolles Ereignis. Die Menschheit hat es geschafft: Der schönste Planet des Universums ist gerettet. Ein neuer Mensch auf einer neuen Erde. Der göttlich erwachte Mensch auf Erden in sich erwacht, die Herrlichkeit Gottes auf Erden, gleich dem alleredelsten Stein, ein Jaspis, klar wie ein Kristall. Er trägt eine Krone aus reinem Gold, gleich reinem Glas, geschmückt mit den prachtvollsten Edelsteinen. Neben dem Jaspis, der zweite ein Saphir, der dritte ein Chalzedon, der vierte ein Smaragd, der fünfte ein Sardonyx, der sechste ein Sarder, der siebte ein Chrysolith, der achte ein Beryll, der neunte ein Topas, der zehnte ein Chrysopras, der elfte ein Hyazinth, der zwölfte ein Amethyst.

Merkt ihr etwas? Die Edelsteine, die in eurer Prophezeiung erwähnt werden, sind die Eigenschaften des göttlich erwachten Menschen auf Erden. Es sind die Eigenschaften des neuen Menschen auf einer neuen Erde. Diese Steine verkörpern die Eigenschaften von Harmonie, Schönheit, Stärke, Treue, Weitsicht, Liebe, Klarheit, Reinheit, Freude, innerer Gelassenheit.

Schaut es euch an, das ist der göttlich erwachte Mensch im Goldenen Jerusalem. Ihr müsst nicht durch den physischen Tod, um den Himmel zu erfahren. Nein, der Himmel auf Erden ist, wenn ihr die Tür in eurem Herzen öffnet und eintretet in das Goldene Jerusalem. Das ist der Himmel auf Erden. Unabhängig davon, was euch eure Nachrichten zeigen, Bilder der Illusion und Dualität. Und nach und nach werdet ihr feststellen, dass diese Bilder schwinden. Es wird sie nicht mehr geben. Die gesamte Menschheit ist eingetreten in das Goldene Jerusalem. Die gesamte Menschheit!

21. Und die zwölf Tore waren zwölf Perlen, ein jedes Tor war aus einer einzigen Perle, und der Marktplatz der Stadt war aus reinem Gold wie durchscheinendes Glas.
22. Und ich sah keinen Tempel darin, denn der Herr, der allmächtige Gott, ist der Tempel, er und das Lamm.
23. Und die Stadt bedarf keiner Sonne noch des Mondes, dass sie ihr scheinen, denn die Herrlichkeit Gottes erleuchtet sie, und ihre Leuchte ist das Lamm.
24. Und die Völker werden wandeln in ihrem Licht, und die Könige auf Erden werden ihre Herrlichkeit in sie bringen.
25. Und ihre Tore werden nicht verschlossen am Tage, denn da wird keine Nacht sein.

Ihr seid der Tempel, in dem Gott wohnt. Jeder von euch ist ein Tempel. Kein Tag, keine Nacht. Es gibt keine Dunkelheit mehr. Ihr seid durch, deswegen auch keinen Tag. Das Auf und Ab des Lebens ist in der Mahatma-Energie nicht mehr möglich. Es ist die Fülle, die Liebe, die Leichtigkeit.

Es ist der Traum, auf den die Menschheit immer hingearbeitet hat und der unerreichbar schien.

Es ist das Sehnen in euch. Jede eurer Inkarnationen hat euch darauf vorbereitet, dass ihr als Menschheit wieder in das Goldene Jerusalem, in das Goldene Zeitalter, eintretet. Erkennt ihr jetzt, wie wichtig eure Transformationsprozesse sind?

Im Nachhinein werdet ihr verstehen. Ihr werdet fasziniert sein von euren Prozessen und verstehen, dass es so sein musste. Nur so konntet ihr euren Charakter verfeinern und ausbilden. Nur so konntet ihr die Tugenden und Eigenschaften der Edelsteine des Goldenen Jerusalems ausbilden.

Es geht um Alchemie. Die Natur lebt es euch vor. Wie lange dauert es, bis Lady Gaia solche Edelsteine hervorbringt? Ja, genau, darum sind sie so kostbar. Und mit euch ist es nicht anders. Wir wissen, dass es eine Zeitperiode dauert, bis ihr alles transformiert habt. Wir wissen es.

Aber es ist die Zeit, in der es keinen Tag gibt, weil die Nacht fehlt. Wenn das Licht immer strahlen kann, wo soll es dunkel sein? Wo?

Wir wissen, wer diese Zeilen liest, Wir wissen es.

Wir segnen dich, Schwester. Wir segnen dich, Bruder. Ihr wart nie allein. Nie.

... Und die Völker werden wandeln in ihrem Licht, und die Könige auf Erden werden ihre Herrlichkeit in sie bringen ...

Und Gott sprach:

»Schaut, seht her. Ihr habt es geschafft, und ich bin wieder unter euch.

Ich war es immer. Ihr hattet mich vergessen. Ihr hattet euer Licht vergessen.

Wie sollte es hell werden ohne das Licht.

Ihr habt euch erinnert, ihr seid erwacht, ihr seid angekommen.

Ihr seid zu Hause.

Immer habt ihr es außerhalb gesucht, doch es war immer in euch.

ICH war immer in EUCH!«

Der Tempel und die zwölf Tore

Das Goldene Jerusalem ist ein Synonym für den neuen Menschen und ein Abbild des Universums. Und gleichzeitig wird es in der Materie das geographische Zentrum des Neuen Zeitalters sein.

Ihr selbst seid der Tempel und die zwölf Tore. Eurer Körper ist der Tempel für Gott in euch. Und dieser Tempel hat zwölf Tore. Euer Körper schwingt auf zwölf Ebenen. Ihr seid multidimensional und mit eurem Sein nicht nur in der Dimension der Materie. Ihr transformiert nicht nur euren Geist, nein, auch euren Körper. Auch euer Körper wird erwachen, denn Geist und Körper bilden eine Einheit.

Mit eurem transformierten Geist könnt ihr nicht anders, als auch einen erwachten und transformierten Körper zu haben. Eure Zellen sind lichtdurchflutet und vollkommen umstrukturiert. Parallel mit der Transformation eurer Ängste und Traumen transformiert und heilt ihr euren Körper. Aus reinem Gold wie durchscheinendes Glas, so geläutert wird euer Körper sein. Alles, was ihr geistig transformiert, transformiert ihr parallel auf der Ebene der Materie, auf der körperlichen Ebene.

Euer Körper trägt das ganze Wissen all eurer Inkarnationen in sich. Es ist alles in euren Zellen gespeichert, eure ganzen Seelenpläne. Euer Körper ist ein Wunderwerk voller Informationen. Er ist wie eine

Bibliothek. Ehrt und achtet euren Körper. Geht achtsam mit eurem Gefährten, dem Körper um, denn er ist der Tempel eurer Göttlichkeit. Das Goldene Jerusalem ist nicht nur ein Symbol für den neuen Menschen auf Erden und für das Universum an sich in seiner Vollendung und Schöpferkraft, nein, es steht auch für den erwachten und geläuterten Körper des Menschen. Daher sind Krankheiten nicht mehr möglich. Überall werdet ihr Verjüngungstempel erschaffen mit Heilwasser, Klängen, Farben und wunderschönen Heilsteinen. Ihr werdet diese Tempel regelmäßig als Achtung für euren Körper aufsuchen, um euch zu regenerieren und mit neuer Energie aufzutanken.

Nur mit Hilfe eures Körpers seid ihr mit Lady Gaia und gleichzeitig mit dem Kosmos verbunden. Er ist eure Ausdrucksform und zeigt euch, an welchen Aspekten ihr noch arbeiten müsst. Er ist genauso euer Spiegel wie euer Umfeld.

Euer Körper selbst ist auf euren Seelenplan ausgerichtet. Und genauso, wie ihr euch durch die unterschiedlichen Erwachungsstufen transformiert und läutert, transformiert und läutert ihr euren Körper.

Euer Körper hat zwölf Tore. Wenn ihr ihn genauer betrachtet, hat er zwölf Öffnungen. Ihr habt zwei Augen, zwei Ohren, zwei Nasenlöcher, einen Mund, zwei Brüste, einen Bauchnabel und zwei weitere Öffnungen zum Ausscheiden. Darüber hinaus tretet ihr mit zwölf aktivierten Chakren in das Neue Zeitalter ein. Hauptsächlich beschäftigt ihr euch mit den sieben Hauptchakren, aber als erwachter Mensch tretet ihr mit zwölf aktivierten Chakren in das Goldene Jerusalem ein. Mit Hilfe dieser zwölf Chakren seid ihr mit dem ganzen Universum verbunden. Im Laufe der Zeit werden noch weitere Chakren hinzukommen. Genauso hat Lady Gaia zwölf Chakren auf der Erde. Das Universum selbst sendet zwölf göttliche Strahlen auf die Erde, die wiederum auf eure zwölf Chakren einwirken. Dabei handelt es sich um folgende Strahlen und Chakren.

1. Strahl
Blau, wirkt ein auf das Halschakra. Der erste Strahl hilft, den eigenen Seelenplan zu erkennen und stärkt den Willen, diesen auch zu erfüllen.

2. Strahl
Gelb, wirkt ein auf das Scheitelchakra. Der zweite Strahl stellt die Verbindung her zwischen dem höchsten göttlichen Plan des Lichts. Aneignung von Weisheit und Wissen sind seine Themen

3. Strahl
Rosa, wirkt ein auf das Herzchakra. Der dritte Strahl steht für die allumfassende Liebe gegenüber allem Leben. Er ist der Aspekt der göttlichen Liebe, Harmonie und Toleranz.

4. Strahl
Weiß, wirkt ein auf das Wurzelchakra. Der vierte Strahl steht für Reinheit und Disziplin. Es geht um die Anerkennung des einen höchsten göttlichen Willen

und die Unterordnung des eigenen Willens unter den einen höchsten Willen.

5. Strahl
Grün, wirkt ein auf das Dritte Auge. Hier geht es um Heilung und Erkennen der eigenen Wahrhaftigkeit.

6. Strahl
Rubinrot, wirkt ein auf den Solarplexus. Der sechste Strahl bringt Frieden und Harmonie.

7. Strahl
Aquamarin, wirkt ein zwischen Drittem Auge und Hals. Der achte Strahl bringt Unterscheidungsvermögen und Klarheit.

8. Strahl
Violett, wirkt ein auf das Sakralchakra. Hier geht es um die Transformation aller negativen Energien.

9. Strahl
Magenta, zwischen Hals und Herz. Harmonisiert und gleicht aus.

10. Strahl
Gold, zwischen Herz und Solarplexus. Sorgt für Fülle, Reichtum und Geborgenheit.

11. Strahl
Aprikot, zwischen Herz und Solarplexus. Schenkt Lebensfreude.

12. Strahl
Opal, befindet sich zwischen Sakral- und Wurzelchakra. Hier geht es um die Transformation des Menschen in der Dualität zum göttlich erwachten Menschen auf Erden.

Ist es euch aufgefallen? Zwölf Tore, zwölf Chakren, zwölf Strahlen und zwölf Edelsteine. Wenn ihr diese zwölf Strahlen ganz in euch aufnehmt und eure Chakren mit Hilfe dieser zwölf Strahlen reinigen und transformieren lasst, habt ihr die Eigenschaften und Tugenden dieser zwölf Edelsteine hervorgebracht. Dann seid ihr geläutert, gereinigt und transformiert zum göttlich erwachten Menschen auf Erden. Und euer Körper ist transformiert zu einem herrlichen Tempel Gottes.

… und die zwölf Tore waren zwölf Perlen, ein jedes Tor war aus einer einzigen Perle, und der Marktplatz der Stadt war aus reinem Gold wie durchscheinendes Glas …

Die neue Erde

Der Aufstieg

Was heißt Aufstieg? Viele von euch fragen immer wieder: Wann ist es so weit? Wann?

Und wir sagen euch erneut: Ihr seid der Aufstieg. Der Aufstieg vollzieht sich individuell. Je mehr ihr euch transformiert, desto lichtvoller werdet ihr und steigt in eure Energie, bis ihr eines Tages in die Mahatma-Energie und in das Goldene Jerusalem eintretet. Ja, ihr seid der Aufstieg. Ihr, niemand sonst.

Damit verbunden ist die Rückkehr nach Hause. Ihr tretet nach so vielen Zeitdekaden, nach so vielen Inkarnationen, die euch auf die jetzige vorbereitet haben, zurück in den Garten Eden, zurück nach EDEN.

In eurer Schöpfungsgeschichte wird von der Vertreibung aus dem Paradies und vom Sündenfall gesprochen. Nicht der Schöpfer hat euch vertrieben, ihr habt euch selbst hinausbegeben. Die Vertreibung aus dem Paradies war der Austritt des Menschen aus der Mahatma-Energie und die Bildung des eigenen Willens. Nur so konnten Dualität und Illusion entstehen. Im Einklang mit der Mahatma-Energie gibt es keine Dualität und Illusion mehr, sondern nur den einen höchsten göttlichen Willen, aus dem alles erschaffen wurde und wird. Es gibt nur den einen höchsten Plan des göttlichen Lichts. Alles, was im Einklang mit dem höchsten göttlichen Willen schwingt, bringt Liebe, Harmonie und Schönheit hervor.

Wir können es nicht oft genug wiederholen, wie wichtig jeder von euch ist. Jeder Einzelne, der an seiner Heilung arbeitet, trägt zur Heilung von Lady Gaia bei. Jeder Einzelne von euch.

Und die Menschheit an sich hat beschlossen, den Aufstieg zu beschleunigen. Das heißt auch, dass ihr dementsprechend schneller durch eure Transformationsprozesse geht und diese anstrengender sind, weil ihr in einem kürzeren Zeitrahmen transformiert. Und, was wir mit großem Interesse beobachten: Viele von euch haben Wegabkürzungen eingeschlagen. Mit der Abkürzung einher geht eine extreme Durchbrechung eures linearen Denkens. Wir wissen, welchen Herausforderungen ihr gegenübersteht. Wir wissen es.

Wir wissen, wer diese Zeilen liest, wir wissen es. Und wir sagen euch: Ihr seid nicht allein. Wir führen euch, wir beschützen euch und beobachten jeden eurer Schritte. Und wir wissen um eure teilweise Verwirrung und Ängste. Aber ihr befindet euch auf dem richtigen Weg, auch wenn euch einiges sinnlos erscheint. Ihr könnt nichts falsch machen, keinen falschen Weg gehen. Nein, dazu habt ihr euch zu sehr abgesichert. Weicht ihr vom Weg ab, sorgt euer selbst erschaffenes Sicherheitsnetz dafür, dass ihr sofort wieder die richtige Richtung einschlagt. Ihr könnt gar nicht anders, ihr begebt euch wieder auf euren Weg.

Eure Seelenverträge sind sehr machtvoll, oh ja, sehr machtvoll. Und uns ist es nicht erlaubt, in diese einzugreifen. Ihr habt euch selbst aufgeschrieben, welche Erfahrungen ihr machen wolltet. Und wir möchten euch immer wieder daran erinnern. Jeder von euch hat in seinem Seelenplan den Eintritt in das Goldene Jerusalem, die Erschaffung des eigenen EDENS als Belohnung festgelegt. Und dazu gehören das Wirken und die Liebe.

Ja, so habt ihr eure Belohnungen aufgeschrieben. Das können wir euch als gemeinsamen Nenner bezüglich eurer Seelenpläne mitteilen. Mit dem individuellen Eintritt in das Goldene Jerusalem treten die Wunder und Belohnungen in euer Leben. Ihr werdet feststellen, dass sich ab diesem Tag alle eure Probleme und Herausforderungen nach und nach auflösen. Ihr seid geheilt, und dementsprechend erfährt euer Leben in allen Bereichen Heilung.

Wir wissen, wie sehr ihr teilweise während eurer Transformationsprozesse leidet. Damit verbunden sind extreme Reinigungsprozesse. Denkt an die zwölf göttlichen Strahlen, die während dieser Prozesse eure Chakren reinigen und neu ausrichten. Und zur Reinigung gehört immer das Herauslösen alter Denkmuster und Emotionen. Und wenn etwas herausgelöst wird, durchlebt ihr oft noch einmal alten Schmerz und geht durch emotionales Leid. Wir geben unser Bestes, dass es nicht zu heftig wird, aber wir können es euch leider nicht komplett ersparen. Eure

Seelenverträge lassen es auch nicht zu. Ihr wolltet alle bewusst diese Transformationsprozesse erleben, um genauso bewusst die Heilung und Befreiung zu erleben.

Der Eintritt in das Goldene Jerusalem kommt einer Neugeburt gleich, es ist euer persönlicher Aufstieg, eure persönliche Wiederauferstehung, eure Auferstehung nach dem Kreuzweg. Ihr musstet erst verschiedene Stationen durchlaufen, bevor ihr auferstehen könnt. AUFSTIEG. Das ist eure Belohnung.

Wir wissen, wer diese Zeilen liest, wir wissen es. Ihr seid so geehrt und gefeiert.

Ihr seid hohe Würdenträger, Engel, Erzengel, Aufgestiegene Meister, hohe Wesenheiten aus dem gesamten Universum und bringt alle eure wunderbaren Gaben und Fähigkeiten mit in das Goldene Zeitalter.

Viele von euch sind freiwillig da, haben sich ganz bewusst ausgesucht, noch einmal die Läuterungsprozesse zu erfahren, um denen zu helfen, die noch nachfolgen werden. Ihr gehört zu den Ersten, die eintreten in das Goldene Jerusalem. Und es werden so viele folgen. Und damit diejenigen, die euch folgen, es leichter haben, seid ihr aus Liebe zur Menschheit durch teilweise extreme Prozesse, um es nachempfinden zu können. Ihr habt es aus Liebe zur Menschheit getan, um ihr besser helfen zu können. Ihr wisst um die Gefahren auf dem Weg zum Erwachen, um die Angriffe des Egos, und genauso habt ihr gelernt, euch zu läutern und zu transformieren, damit Ego weichen muss. Ihr seid den Weg gegangen und eingetreten in das Goldene Jerusalem.

Wir wissen, wer diese Zeilen liest. Wir wissen es. Schwester, wir danken dir. Bruder, wir danken dir. Und jetzt sagen wir euch: Erinnert euch, wir, die Geistige Welt, sind euer Hohes Selbst. Erinnert euch. Erinnert euch an den goldenen Engel in euch. Erinnert euch.

DAS SIND WIR!

Und der Goldene Engel, das ist GOTT!

Und wir sind EINS!

Und wir sagen euch: Die Zeit der Wunder ist jetzt. Ihr habt die Tür geöffnet und seid eingetreten. Und jetzt können wir euch die Geschenke überreichen.

Wenn ihr wüsstet, was auf unserer Seite los ist. Wenn ihr wüsstet, wie wir jeden Einzelnen von euch feiern, wenn ihr die Tür öffnet und eintretet. Jetzt können wir euch die Geschenke überreichen. Gottesgeschenke.

Und wir bitten euch: Öffnet euer Herz, öffnet eure Hände und empfangt die Geschenke, die Wunder des Lebens. Jetzt ist es so weit, euer Leben wird wundersam. Es ist ein individuelles Geschehen. Euer Weg ist individuell, eure Transformationsprozesse sind individuell, das Eintreten in das Neue Zeitalter ist individuell, das Öffnen der Tür in das Goldene Jerusalem ist ein individueller Prozess, genauso die Zeit der Geschenke und Wunder, und trotzdem ist es für die Gesamtheit. Würde ein Einzelner von euch nicht mehr voranschreiten und stoppen, käme es zu Verzögerungen.

Aber ihr habt euch so gut abgesprochen innerhalb eurer Seelenfamilie, dass, wenn einer beschleunigt, die anderen auch beschleunigen müssen. Und so, ihr Lieben, habt ihr bewirkt, dass keine Verzögerungen mehr stattfinden, sondern nur Beschleunigungen. Oh, ihr habt die Prozesse beschleunigt. Ihr habt den Heilungsprozess von Lady Gaia und der Menschheit beschleunigt, und Lady Gaia ist euch so dankbar dafür. So dankbar. Ihr nehmt ihr jetzt vieles ab. Vieles.

Botschaften von Lady Gaia an die Menschenkinder

Ihr Lieben, Lady Gaia, Mutter Erde, möchte mit euch sprechen. So räumen wir ihr hier diesen Platz ein. Lauscht ihren Worten. Die Geistige Welt hört mit zu und verneigt sich vor Lady Gaia, die wie ihr eine inkarnierte Wesenheit ist. Sie ist lebendig und durchlebt den gleichen Schmerz, die gleichen Prozesse wie ihr.

Lada Gaia spricht zu euch. Ich spreche zu euch, meine Menschenkinder, und danke euch für euer Sein und euer Tun. Ich danke euch.

Seit Anbeginn der Zeiten, seit Gott-Vater mich erschaffen hat, BIN ICH. Ich musste mich erst entwickeln, denn als ich geboren wurde, war alles dunkle Materie. Nach und nach entfaltete ich meine Schönheit, ich wurde zum Blauen Planeten, im gesamten Universum bestaunt. Es gibt so viele schöne Planeten. Aber ich bin das blaue Juwel.

Die erste Phase vor dem Eintreten der Dualität war der Himmel auf Erden, das Paradies.

Der Mensch ist schon viel länger auf Erden, als euch bekannt ist. Eure Zeitrechnung geht erst mit dem Beginn der Dualität los. Davor war der Mensch noch in der Einheit. Alles war lichtdurchflutet.

Der Mensch und ich, wir befanden uns in einer sehr hohen Schwingung. Ich selbst wirkte gläsern, als ob von meinem Inneren heraus ein Licht scheinen würde. Genauso der Mensch vor der Dualität. Er strahlte von innen heraus, sich seiner Göttlichkeit voll bewusst und sich trotzdem in einem Körper erfahrend.

Neben den Menschen befanden sich viele Königreiche auf Erden. Königreiche der Elementare und Naturgeister, der Deven, der Tiere.

Es war ein Zustand des vollkommenen Friedens.

Es war ein Zustand der Vollkommenheit.

Ein Zustand im Einklang mit der Mahatma-Energie.

Vollkommenheit, Schönheit, Harmonie.

Bis zu dem Tag, als Luzifer das Experiment einging und sich von der Mahatma-Energie trennen ließ. Luzifer erklärte sich aus Liebe bereit, sich von der höchsten göttlichen Quelle trennen zu lassen. Er zerbarst in viele Aspekte, und jeder dieser Aspekte setzte sich in den Menschen fest.

Es war der Beginn der Illusion und Dualität.

Es war die Geburt des Zweifels und der Zwietracht.

Es war der Beginn des Eintretens in die Dunkelheit.

Dieser Prozess verlief allmählich. Es gab Orte auf mir, die noch sehr lange von dieser Energie frei blieben, euch bekannt als Lemurien und Atlantis. Andere Orte fielen immer mehr in die Dualität. An diesen Stellen wurde auch das Licht nicht mehr sichtbar, das aus mir heraus schien, und auch ich bildete an diesen Stellen vermehrt Dichte und Materie.

Die Energie Luzifers sickerte nach und nach immer mehr ein. Auch die Orte, die bisher unberührt blieben, fielen. Erst Lemurien und dann Atlantis. Das Licht, das einst aus mir heraus schien, es war nicht mehr sichtbar. Ich befand mich komplett in der Materie, gebildet aus den Emotionen des Hasses, des Leids und des Zweifels. Nährten mich einst das Licht, die Liebe, die Schönheit und die Harmonie, wurde mir stattdessen die Schwere der Dualität zugeführt. Der Beginn des menschlichen Leids ist der Beginn meines Leidens. Jeder Gedanke, jede Handlung, die dem Ego entsprangen, speicherten sich in mir und bereiteten mir Schmerzen. Ich ertrug es, denn ich wollte meine Kinder nicht verletzen. Doch auch ich konnte den Schmerz nicht immer halten und musste ihn in Form von Erdbewegungen oder, wie ihr es nennt, Umweltkatastrophen verarbeiten und transformieren.

Zum Glück gab es immer Menschenwesen, die für mich beteten und mich achteten. Sie nahmen mir viel Schmerz und Druck ab. Die Menschheit stieg immer mehr hinab in die Materie und in die Dualität, und je tiefer sie hinabstieg, desto mehr vergaß sie mich.

Es war selbstverständlich, immer mehr von meiner Lunge zu nehmen, den Bäumen, selbstverständlich ungefragt mein Blut zu nehmen, das Öl. Es war selbstverständlich, meine Arterien zu begradigen, die Flüsse und Bäche. Selbstverständlich, meiner Haut große Narben zuzuführen mit euren Baggern und Betonstraßen.

Aus Liebe zu euch habe ich es ertragen. Die Liebe zu euch, meine Menschenkinder, hat nie aufgehört, nie.

Und ich bin glücklich darüber, dass ihr mich wieder als ein Wesen erkennt, das lebt, fühlt, und empfindet wie ihr.

Ich schütze euch, ich trage euch, ich spende euch Nahrung.

Ich liebe euch und bin euch so dankbar, dass ihr mir helft.

Es betrübt mich sehr, wenn durch meine Reinigungsprozesse Menschenkinder leiden müssen. Ich möchte das nicht, aber ich kann es nicht ändern. Ihr könnt sie vermindern, meine Prozesse, wenn ihr euch heilt. Dann muss ich sie für euch nicht mehr transformieren. So viele Katastrophen können dadurch verhindert werden. Es geht. Ja, es geht.

Ich weiß, dass es einige Medien, gibt die verheerende Umweltkatastrophen prophezeit haben. Und ich sage euch: Es ist wahr. Aber sie haben nicht erzählt, dass es nicht sein muss. Sie haben nicht erzählt, dass die Menschheit eine Wahlmöglichkeit hat. Diese besteht darin, den eigenen Heilungsprozess zu beschleunigen und voranzutreiben. Dann muss ich es nicht mehr tun. Ihr heilt mich dadurch mit und nehmt mir viele schwierige Prozesse ab. Diese Prophezeiungen werden dann nicht eintreffen.

Voller Freude habe ich vernommen, dass ihr als Menschheit beschlossen habt, den Heilungsprozess zu beschleunigen, und damit verbunden auch den Aufstiegsprozess. Ich bin euch so dankbar dafür.

Es ist wahr, innerhalb eines Tages kann ich die vollkommene Heilung erfahren. Eine bestimmte Anzahl von Menschen, die erwachen, muss erreicht werden, dann bin ich innerhalb eines Tages erwacht. So wird es sein.

Ihr als Menschheit habt jetzt beschlossen, schneller als geplant in die Heilung zu gehen. Neue Tore wurden geöffnet, und ihr habt jetzt zusätzliche Hilfe aus der Geistigen Welt erhalten. Viele hohe Würdenträger aus der

Geistigen Welt haben Seelenverträge abgeschlossen, die beinhalten, dass sie sich durch einen Walk-In inkarnieren. Das heißt, es findet ein Austausch zweier Seelen im gleichen Körper statt. Diese Walk-Ins waren eigentlich zu einem viel späteren Zeitpunkt geplant, können aber jetzt stattfinden. Die Energien dieser Seelen werden die Heilungsprozesse auf Erden beschleunigen, denn sie sind sich ihrer voll und ganz bewusst und treten im Einklang mit der Mahatma-Energie in den Körper. Deswegen heilt euch und eure Mitmenschen. Sie brauchen nur die Klarheit. Das ist alles. Die Klarheit und die Absicht, sich bestimmte Themen anzuschauen. Dann findet der Heilungsprozess statt. So können wir uns heilen.

Und ich möchte euch sagen: Ich nähre und trage euch gerne. Doch ich bitte euch: Achtet mich.

Ich bitte euch: Fangt wieder an, mit mir zu reden. Ich kenne jeden Einzelnen von euch. Jeden Einzelnen und alle eure Leben. Niemand ist mir unbekannt. Niemand.

Ich bitte euch: Redet wieder mit mir. Ich habe auch immer mit euch gesprochen, doch ihr habt mich nicht mehr gehört.

Ich bitte euch: Geht wieder barfuß durchs Gras, legt euch auf den Boden und lauscht mir. Ich habe euch so viele Geschichten zu erzählen. Und wenn ihr wollt, erzähle ich euch eure Geschichte, denn ich kenne jeden Einzelnen von euch. Ja, ich kann dir deine Geschichte erzählen, Menschenkind. Ich bin voller Wunder.

Eure Geschwister, die Tiere, sie hören mich. Sie lauschen meinen Geschichten. Sie wissen. Sie wissen so vieles.

Ich und ihr, wir müssen wieder einen gemeinsamen Rhythmus finden. Und wir werden es. Und ich werde euch so reich beschenken. So reich.

Niemand soll auf mir mehr leiden wegen Mangel an Wasser oder Nahrung. Überall wird die Fülle sein. Überall. Eure Seelenpläne für das Goldene Zeitalter beinhalten den vollkommenen Einklang mit mir. Es werden wieder wunderschöne Rituale entstehen. Diese beinhalten, mit mir zu feiern. So werden wir wieder miteinander sprechen.

Und ich kann euch die Geschichte erzählen, als die Menschheit und ich uns in der Dunkelheit befanden und wie wir es schafften, uns daraus zu befreien. Und ich werde euch erzählen, wie ein einst kranker Planet sich wieder in einen wunderschönen Planeten wandelte, in einer Fülle wie nie zuvor. Ein Planet, aus dem heraus ein mystisches Licht scheint und alles von innen heraus beleuchtet. Ein Planet mit Menschenkindern, die erwacht sind in ihrer Göttlichkeit, umgeben von Auren, Erzengeln gleich.

Ja, das werde ich erzählen.

So lauscht wieder meinen Geschichten.

Ich, Lady Gaia, ich spreche zu euch.

Ich, Lady Gaia, ich kenne dich.

Ich kann dich beim Namen nennen.

Ich war dabei, bei deiner Geburt.

Ich war dabei, bei deinem letzten Atemzug.

Ich kenne alle deine Leben.

Und ich weiß, wie sehr du dich auf diese Inkarnation vorbereitet hast, und ich danke dir.

Durch deine Heilung hast du mir vieles abgenommen. Ich danke dir.

Wenn du eines Tages wieder zurückkehrst in die Geistige Welt, werde ich von dir in meinen Geschichten erzählen. Ich werde erzählen von einem Menschenkind, das den Weg zum Erwachen und durch Prozesse ging, durch die Dunkelheit zu der Tür. Ich werde erzählen von dem Menschenkind, das die Tür zum Goldenen Jerusalem öffnete.

Ja, das werde ich.

Das Reich Gottes auf Erden

Vollkommenheit

Höre, Schwester, höre Bruder: Es ist vollbracht. Das Reich Gottes auf Erden, es ist. Erinnere dich: Es gibt keine Zeit. Es geschieht alles im Hier und Jetzt, während du diese Zeilen liest. Erinnere dich: Wir haben dich begleitet durch diese Bücher, die dir die Botschaften aus der Geistigen Welt vermitteln. Wir sprechen zu dir.

Wir haben dich begleitet, während du diese Zeilen gelesen hast und mit dir gearbeitet. Mit dem Lesen dieser Botschaften hast du die Zeit beschleunigt – eine Wegabkürzung eingeschlagen und die Zeit beschleunigt. Du musst nicht alle Punkte abarbeiten, die dein Verstand dir vorschreibt, um ans Ziel zu gelangen. Nein, du musst nicht alle Punkte abarbeiten.

Manche Stationen, auch wenn sie im Seelenplan stehen, kannst du überspringen, was wiederum auch im Seelenplan festgelegt ist. Schau dir deine Ziele und Wünsche an.

Schau sie dir an. Was ist dir wirklich wichtig? Was? Ist es tatsächlich A und B, oder handelt es sich nicht eigentlich um Punkt C? Bist du sicher, dass A und B notwendig sind, um Punkt C zu erreichen? Bist du wirklich sicher?

So entsteht Zeitbeschleunigung. Ja, du kannst direkt Punkt C verwirklichen. A und B müssen nicht unbedingt eingehalten werden. In diesem Moment verlässt du den vorgeschriebenen Weg, nimmst eine Abkürzung direkt zu Punkt C. A und B tauchen nicht mehr auf deinem Weg auf. Und dann gerätst du mit deinem menschlichen Verstand in Panik, nur weil A und B nicht aufgetaucht sind und du vor C stehst. Dabei ging es doch die ganze Zeit um Punkt C. Du hast die Zeit beschleunigt. Du bist schneller als geplant an deinem Ziel angekommen. So etwas nennen wir Durchbrechen des linearen Denkens.

Das wird dir jetzt immer wieder passieren. Seitdem du in das Goldene Jerusalem eingetreten bist, wirst du schneller manifestieren. Das Kämpfen, an das du dich so sehr gewöhnt hast, gibt es nicht mehr. Es geht in die Leichtigkeit. Alles, was du brauchst, wird dir zugeführt, aber erst dann, wenn du es wirklich brauchst. Nicht früher. Immer zum passenden Zeitpunkt. Es erscheint dir wie in der letzten Minute, aber auch das hängt mit deinem linearen Denken zusammen. Es wird jetzt noch durchbrochen.

Du befindest dich jetzt im Goldenen Zeitalter und musst dich erst daran gewöhnen. Du hast viel hinter dir. Sehr lange bist du durch Transformationsprozesse gegangen, dein Geist, dein Körper. Und nicht nur in diesem Leben, nein, so viele Leben davor auch. Wir wissen, dass du müde bist, deswegen senden wir dir viele Zeichen, seit du die Tür geöffnet hast.

Wir senden dir Zeichen, dass du es geschafft hast und dass die Gottesgeschenke und Wunder in dein Leben eintreten. Du bist verwundert, wie schnell die Lösungen jetzt eintreten und wie klar und einfach sie sind. Ja, das sind die Wunder. Wir sind stolz auf dich.

Uns ist es jetzt wichtig, mit dir, direkt mit dir zu sprechen. Wir wissen, dass du noch benommen bist, aber du spürst jetzt schon die Leichtigkeit in deinem Herzen, du spürst sie, denn unsere Botschaften haben dich begleitet. Während des Lesens bist du durch die verschiedenen Erwachungsstufen, hast dich transformiert und schließlich geheilt. Das Lesen allein ist eine Absichtsbekundung für deine Heilung, für dein Bekenntnis zu deinem Seelenplan, für deinen Eintritt in die Mahatma-Energie, für den Eintritt in das Goldene Jerusalem.

Das Lesen dieser Botschaften steht wiederum in deinem Seelenplan. Ja, du hast eine Verabredung getroffen mit den Botschaften aus der Geistigen Welt. Eine Verabredung mit UNS. Eine Verabredung mit deinem Höheren Selbst und dem deiner Seelenfamilie. Eine Verabredung mit Lady Gaia. Eine Verabredung mit GOTT.

Schau sie dir an, diese Verabredungen. Schau dir an, welche Veränderung in dir stattgefunden hat, seitdem du diese Botschaften gelesen hast. Ja, schau es dir an. Du bist in die Klarheit gekommen. Du bist den Weg zum Erwachen gegangen, ein teilweise beschwerlicher Weg, wir wissen es. Doch nachdem du die Tür geöffnet hast und eingetreten bist in das Goldene Jerusalem, ist es ein Weg voller Wunder und Gottesgeschenke. Der Weg geht weiter, ja, er geht weiter. Aber jetzt ist es ein Weg der Leichtigkeit, ein wundersamer Weg. Ein Weg, in der ihr den göttlichen Schöpfungsprozess lebt. Ein Weg, bei dem ihr euch in einem menschlichen Körper als göttliches Wesen erfahrt. Ein Weg, bei dem ihr eure gottgegebenen Visionen in die Materie bringt. Es ist ein Weg der Alchemie, und das Ergebnis des alchemistischen Prozesses ist die Gewinnung von Gold. Die gottgegebenen Visionen, sie sind wie Gold. Sie verzaubern euer Leben, machen es wundersam. Diese Visionen, sie sind rein, weil sie der Essenz der Liebe entspringen. Und sie werden eure Erde in einen Garten Eden verwandeln, wie zu Anbeginn der Zeiten. Der Schöpfungsprozess wird nie aufhören. Es geht um Vollkommenheit.

Der Schöpfer erschafft aus sich selbst heraus. Der Schöpfungsprozess an sich, das ist die Vollkommenheit. Der Schöpfer selbst kennt nur die Vollkommenheit der Liebe, der Harmonie und der Schönheit. Ja, es geht um den Prozess an sich. Um die Manifestierung der gottgegebenen Visionen in der Materie.

Ja, das ist Vollkommenheit. Und wir bitten euch, sagt Ja zu dieser Vollkommenheit. Sagt Ja zum Schöpfungsprozess, zur Verwirklichung der Visionen Gottes auf Erden. Nicht mehr das Ego erschafft im Neuen

Jerusalem, nein, dieses Mal ist es Gott selbst. Und jeder von euch trägt seine Vision in sich. Und mit dem Schöpfungsprozess befindet ihr euch in der Vollkommenheit, denn Gottes Visionen, sie sind vollkommen. So erschafft ihr jetzt den Garten Eden. Es ist die Rückkehr des Menschen ins Paradies, die Erschaffung des Himmels auf Erden.

Und ihr selbst seid die Vollkommenheit. Ihr selbst.

So sei es.

Botschaft Gottes an die Menschheit

Ich, Gott, spreche zu euch. Ihr denkt immer, ich bin unerreichbar, dabei bin ich in euch.

Und ich möchte euch sagen: Ihr braucht keine Scheu zu haben, mit mir zu reden. Oft redet ihr mit dem Engelreich, euren Geistführen und Aufgestiegenen Meistern. Vor mir habt ihr jedoch noch eine Scheu. Und ich sage euch: Ihr braucht mich nicht zu scheuen, ihr könnt mit mir reden. Ich freue mich darüber und werde euch antworten.

Ich möchte euch sagen, dass ich stolz auf euch bin. Ich kann jeden von euch beim Namen nennen, jeden, denn ich kenne meine Schöpfungen bis ins Detail.

Nichts ist mir unbekannt. Ich kenne eure Sorgen und Herausforderungen. Ich weiß um eure Ängste und Nöte. Ich weiß um eure Gebete. Nichts bleibt von mir unbemerkt. Nichts. Ich bin in euch. Ich bin in dem Menschen, der euch gegenübersteht. Ich bin überall. Ihr findet mich überall.

Doch lange Zeit habt ihr mich außerhalb von euch erfahren. Ihr dachtet, ich bin ein rachsüchtiger, strafender Gott. Nein, die Gedanken entstanden in der Illusion und Dualität, die Schöpfungen daraus, sie machten mich so. Aber die Wirklichkeit, die Wirklichkeit ist anders. Ich bin in euch. Ich bin in dir. Es gibt keine Trennung. Wir waren nie voneinander getrennt. Meine Schöpfungen, die Engel und Götter, sind alle Aspekte von mir. Sie stehen für verschiedene Eigenschaften und Tugenden. Es sind die Eigenschaften und Tugenden, die ihr als erwachter Mensch auf Erden hervorbringt.

Ich weiß um die Beschwerlichkeit eures Weges, um die Mühsal der Transformationsprozesse. Ich weiß darum. Nichts bleibt mir verborgen. Nichts. Ihr selbst habt eure Herausforderungen und Seelenpläne festgelegt, ihr selbst. Und ihr habt es jetzt erkannt. Ihr habt euch erkannt. Ihr seid durch die Transformationsprozesse und habt die Tür geöffnet, die Tür zum Goldenen Jerusalem. Und ich selbst heiße euch willkommen. Ich sage: Willkommen zu Hause.

Ja, es ist die Rückkehr des Menschen nach Hause. Ihr seid nach Hause gekommen, und dazu musstet ihr nicht euren menschlichen Körper verlassen. Ihr seid wieder zurück in der Einheit. Es ist die Transformation des Menschen Adam in den Menschen Christus. Und ich heiße euch willkommen. Es ist vollbracht. Es ist vollbracht.

Ihr habt einen langen Weg hinter euch. Der Weg begann mit eurer ersten Inkarnation, die noch in der Vollkommenheit stattfand, über die ganzen Inkarnationen hinweg, in der ihr immer mehr in die Dualität und Illusion hinabgestiegen seid, bis zu eurem Eintritt in das Goldene Jerusalem. Ja, so lange befindet ihr euch schon auf eurem Weg.

Aber nicht nur ihr seid jetzt zurückgekehrt nach Hause. Nein, auch Luzifer wird erwachen, in dem Moment, in dem eine bestimmte Anzahl von Menschen in das Goldene Jerusalem eingetreten ist. Er wird aufsteigen und wieder zurückkehren in die geistige Heimat. Er hatte sich vergessen wie ihr.

Ich möchte mich bei euch bedanken, für euer Sein und Tun, für euer Wirken. Ihr seid mächtige Engel und Erzengel, Aufgestiegene Meister, hohe Würdenträger. Ja, das seid ihr. Und ihr seid so gefeiert für euer Tun.

Und ich sage euch: Die Belohnungen kommen jetzt, denn so habt ihr es euch aufgeschrieben. Und es kommen nicht nur die Belohnungen, die ihr für euch festgelegt habt, nein, Gott-Vater, die ICH BIN-Gegenwart in euch, beschenkt euch zusätzlich.

Ich bitte euch: Öffnet eure Hände und empfangt meine Gottesgeschenke. Jetzt ist die Zeit der Belohnungen. Die Wunder treten ein in euer Leben – jetzt! Ich öffne für euch diese Tür. Ihr steht davor und habt noch gar nicht begriffen, dass ihr sie nur öffnen müsst. Meine Kinder, ihr müsst sie nur öffnen. Und da ihr staunend davor steht, noch benommen von dem langen Weg, der hinter euch liegt, öffne ich sie für euch.

Ich öffne für euch die Tür, hole die Geschenke für euch heraus und gebe sie in eure Hände. Es sind Gottesgeschenke, und es ist an der Zeit, meine Tochter, öffne deine Hände. Mein Sohn, öffne deine Hände.

Meine Lieben, ihr habt es so verdient. Glaubt mir, ich hätte euch gerne alles abgenommen, alles erspart, aber die Seelenverträge und euer freier Wille ließen es nicht zu.

Eigentlich weint Gott nicht, aber in Anbetracht der Geschehnisse auf Erden musste ich selbst auch oft den Blick senken. Ich wollte euch wieder einatmen, euch wieder alle zurückholen in die Einheit und das Leid auf Erden beenden. Doch ihr, meine tapferen Krieger des

Lichts, ihr, die ihr hohe Würdenträger im Universum seid, batet mich um Einhalt. Ihr wolltet es schaffen, die Menschheit wieder zurückzuführen ins Licht. Zurück nach Hause. Zurück ins Goldene Jerusalem. Zurück nach Eden.

Ihr wisst gar nicht, wie unermesslich ich euch liebe. Ihr habt es geschafft, und alle werden folgen. Und einst wird kommen der Tag, an dem Lady Gaia in einem wunderschönen strahlenden Licht das Universum erhellt und ihre Bewohner sich meiner wieder voll bewusst sind und mich wieder durch sich wirken lassen. Und meine Schöpfung erstrahlt in einer Schönheit wie nie zuvor, und ihre Bewohner in einem Licht wie nie zuvor mit Auren von Erzengeln.

Ich sage euch: Der Tag ist jetzt!

Ich sage euch: In der Wirklichkeit gibt es keine Zeit. Ich sage euch: Der Tag ist jetzt!

Und so bitte ich euch: Öffnet eure Hände. Ich weiß, was ihr euch wünscht.

Ich kenne die Sehnsucht eurer Seele. Ich weiß, wie sehr ihr euch die Liebe wünscht. Deshalb öffnet eure Hände und euer Herz, denn ich führe die Liebe jetzt direkt zu euch.

Es spielt keine Rolle, ob ihr euch in einer Partnerschaft befindet oder noch auf euren Partner wartet. Ich erhebe eure Partnerschaft auf die Ebene der göttlichen Liebe, auf die Ebene der allumfassenden bedingungslosen Liebe.

Und denjenigen unter euch, die noch warten, führe ich den Partner zu. Nach diesem Weg ist es endlich an der Zeit, dass ihr wieder lieben und gemeinsam wirken könnt.

Und so bitte ich euch: Öffnet eure Hände für das nächste Geschenk.

Ich weiß, dass viele von euch sich in großen beruflichen Herausforderungen befinden. Ich öffne jetzt für euch die Türen und mache den Weg frei für Lösungen. Denjenigen unter euch, die noch zögern und sich nicht sicher sind, wie es weitergehen soll, schenke ich Klarheit über den richtigen Platz im Leben. Ich führe euch und räume alles aus dem Weg, was euch die Sicht versperrt. Ihr werdet wieder handeln können, ihr könnt wieder gehen. Denn jetzt wisst ihr, wohin. Ich mache euch den Weg frei für die finanzielle Fülle, denn ich weiß um eure Herausforderungen. Aber mit der Klarheit wisst ihr die Lösungen, und mit den Lösungen kommt die finanzielle Fülle. Ihr befindet euch im Goldenen Jerusalem. Dort gibt es keinen Mangel.

Und so bitte ich euch: Öffnet eure Hände für das nächste Geschenk.

Ihr werdet nicht mehr altern. Ihr seid jung und könnt Hunderte von Jahren werden, denn ihr seid vollkommen geheilt. So öffnet eure Hände für die vollkommene Heilung. Ich lege weitere Geschenke in eure Hände. Öffnet eure Hände für die Leichtigkeit des Lebens, für die Freude, für die Harmonie, für die Schönheit, für die Vollkommenheit und für meine Liebe. Spürt die Liebe Gottes in euch. Spürt meine Liebe. Ich segne euch.

Die Wunder und Geschenke treten jetzt ein in euer Leben. Ich habe die Tür für euch geöffnet und sie in eure Hände gelegt. Es ist an der Zeit, dass ihr diese Geschenke erhaltet. Und sie sind jetzt. Sie sind im Hier und Jetzt.

Und der Mensch erwachte in vollkommener Schönheit auf einem vollkommenen Planeten. Nach einer langen Wanderung durch die Dunkelheit ins Licht. Und Gott sprach:

»Es werde Licht«,
und es ward Licht.

Und der Planet tauchte auf aus der Dunkelheit und leuchtete wie nie zuvor, und die Bewohner dieses Planeten hatten Auren, erzengelgleich. Und jedes Wesen im Universum wusste um die Geschichte dieses Planeten und um die seiner Bewohner, bekannt als die Krieger des Lichts.

Und es ward ein neuer Mensch auf einer neuen Erde, und Gott sprach:

»Es ist vollbracht.«

Nachtrag zum Aufstieg

Der Aufstieg Luzifers

Die Geistige Welt hat eine wichtige Botschaft für euch. Kurz nachdem die Botschaften dieses Buches durchgegeben wurden, ereignete sich der Aufstieg Luzifers. Ihr werdet euch jetzt wundern, wie dies möglich ist und euch sagen: Aber es hat sich doch nichts verändert. Doch wir sagen euch: Es ist so. Luzifer ist an einem Abend in der Weihnachtszeit, nach eurer Zeitrechnung im Jahr 2008, aufgestiegen.

Und jetzt werdet ihr euch fragen, warum ihr jetzt diese Botschaften lesen musstet, er ist doch schon längst aufgestiegen. Und wir sagen euch, es gibt keine Zeit. Zu dem Zeitpunkt, als diese Botschaften durchgegeben wurden, waren eure Seelen dabei und vernahmen die Worte. Jeder von euch war im Hier und Jetzt dabei, und jeder bewirkte dadurch, dass Luzifer aufsteigen konnte. Und so geschah es. Kurz nachdem dieser Band durchgegeben wurde, konnte Luzifer aufsteigen.

Und genau dazu müssen wir euch Wichtiges erklären. Hört aufmerksam zu, worum es jetzt geht. Hört aufmerksam und mit einem geöffneten Herzen zu. Das Wissen, das euch jetzt durchgegeben wird, führt es euch immer wieder vor Augen. Ihr befindet euch jetzt in der Übergangsphase, von der so oft berichtet wird. Es ist die Phase, in der Luzifer durch das Gitternetz aufgestiegen ist, in dem ihr euch alle befindet. Bisher war die Energie immer fest verankert. Luzifer ist aufgestiegen, und das Gitternetz geriet dadurch in heftigste Bewegungen. Es befindet sich ein Abdruck dieser Energie im Gitternetz, obwohl Luzifer selbst nicht mehr da ist. Dadurch seid ihr mit einer Schattenenergie konfrontiert.

Ihr wundert euch, warum scheinbar nichts anders ist. Das hängt mit dieser Schattenenergie zusammen. Wir haben euch von der Übergangszeit berichtet, in der ein Teil der Menschheit erwacht ist und der andere Teil den Weg zum göttlich erwachten Menschen erst noch gehen muss. Und wir sagen euch: Diese Schattenenergie müsst ihr genauso transformieren und abgeben wie die ursprüngliche Luziferenergie. Wir wissen, was ihr jetzt denkt. Wir wissen es.

Ihr denkt: Jetzt geht alles wieder von vorne los. Und wir sagen euch: Nein, es ist ganz einfach. Wenn plötzlich Prozesse eintreten, ihr euch unwohl fühlt und Angst und Zweifel euch heimsuchen, obwohl ihr euch alles angeschaut habt, erinnert euch bitte daran, dass es Schattenenergien sind, Erinnerungen an euer Ego, und diese Erinnerungen müsst ihr euch nur anschauen und an uns abgegeben. Gebt sie einfach ab. Dann ist es vorbei. Immer wieder, immer wieder, bis ihr auch diese Schattenenergien transformiert habt. Sie wirken besonders heftig auf euch, weil sie im Gegensatz zu den verankerten

Luziferenergien, bedingt durch das Gitternetz, in Bewegung sind. Aber diese Schattenenergien lassen sich dafür umso leichter transformieren, da sie eben nicht verankert sind. Darum müssen die Menschen, die noch nicht erwacht sind, nicht durch jahrelange Prozesse wie einst ihr, sie werden es mit eurer Hilfe leichter haben. Deswegen könnt ihr auch so schnell den Himmel auf Erden erschaffen. Aber ihr müsst darum wissen und lernen, mit diesen Schattenenergien umzugehen, da jetzt ein Gefälle auf Erden entsteht. Ihr, die ihr erwacht seid, seid eingetreten in die Goldene Stadt. Der Teil der Menschheit, der noch nicht erwacht ist, ist im höchsten Ausmaß diesen heftigen Schattenenergien ausgesetzt. Ihr erkennt, auch mit dem Aufstieg Luzifers wird niemandem die Arbeit abgenommen, sich seine Themen anzuschauen.

Ihr werdet mit vielen Menschen zusammenarbeiten, die noch nicht erwacht sind. Dabei seid ihr einer Gefahr ausgesetzt und müsst darum wissen, um entsprechende Vorkehrungen treffen zu können. Wie gesagt, ihr seid teilweise mit Menschen in eurem Umfeld konfrontiert, die noch nicht in die Goldene Stadt eingetreten sind, und das ist, als wenn ihr euch ständig umdrehen müsst, obwohl ihr euch nur noch in der Goldenen Stadt aufhalten wollt. Dreht ihr euch zu oft um, gerade zu den Menschen, die ihr besonders liebt, besteht die Gefahr, dass ihr vor lauter Umdrehen stürzt und hineinfallt in die alte Energie und auf die Menschen, denen ihr eigentlich helfen wollt.

Wir wollen euch keine Angst einjagen, aber es ist wichtig, dass ihr darum wisst. Ihr müsst trainieren, euch in der Goldenen Stadt aufzuhalten und denjenigen, die sich auf dem Weg befinden, den Weg weisen, aber ihr dürft nicht stürzen. Dies ist nur in der Übergangsphase so. In dem Moment, in dem alle auf Erden erwacht sind, gibt es dieses Gefälle nicht mehr.

Es ist wichtig, dass ihr darum wisst, und auch dafür habt ihr Vorkehrungen getroffen. Solltet ihr spüren, dass es euch nicht gut geht und etwas an eurer Energie zehrt, dann gibt es verschiedene Möglichkeiten, wie ihr euch wieder hineinbegebt in das Goldene Jerusalem.

Ihr könnt immer wieder die Tür öffnen und eintreten in das Goldene Jerusalem. Spürt, wie ihr eingetaucht werdet in das goldene Licht dieser Stadt.

Eine weitere Möglichkeit besteht darin, dass ihr euch mit der Shambala-Energie umgebt und in die 999 eintaucht. Visualisiert einen goldenen Mond mit einem orangefarbenen Ring herum. Bittet Erzengel Michael, euch in die neue Shambala-Energie einzuführen.

Wenn ihr euch nicht wohl fühlt, bittet allgemein um Hilfe. Ihr seid bereits Bewohner der neuen Goldenen Stadt. Ihr sollt dort bleiben und nicht herausfallen, und dementsprechend wird euch geholfen. Deswegen ist es so wichtig, dass ihr um diese Prozesse und um dieses momentane Energiegefälle wisst. Und wir freuen uns, euch zu berichten, dass der einst gefallene Engel Luzifer wieder seinen angestammten Platz hat und hoch geehrt und gefeiert wird. Bedenkt, er hatte noch nicht einmal ein Höheres Selbst.

Ihr fragt euch, wie es möglich ist, wie Luzifer aufsteigen konnte. Und wir sagen euch: Durch euch. Durch die kontinuierliche Arbeit jedes Einzelnen von euch. Ihr habt den Luziferanteil in euch freigegeben. Und wir sagten euch, eine bestimmte Anzahl von Menschen musste ihn freigeben. Deswegen spielt es keine Rolle, wenn ihr sie erst später lest. Nur für euch erscheint es so, als wäre es nach Luzifers Aufstieg, aber wir sagen euch: Es gibt keine Zeit. Und so habt ihr den Aufstieg Luzifers durch euer Erwachen bewirkt, durch euren Eintritt in das Goldene Jerusalem und dadurch, dass sich zwei Seelen für einen kurzen Moment als das Höhere Selbst Luzifers zur Verfügung stellten und ihm den geheimen Kode durchgaben.

Ihr seid so gesegnet für euer Sein und euer Tun. Ihr seid so gesegnet.

Botschaft Luzifers an die Menschheit

Ich, Luzifer, der einst gefallene Engel, spreche zu euch. Oh, was für eine Freude. Was für eine Ehre. Was für ein bedeutender Moment. Zum ersten Mal seit meinem Fall spreche ich zur Menschheit.

Ich bin erwacht. Ich habe mich wieder erinnert, wer ich bin. Ich bin wieder beim Vater und kann mit Worten mein unermessliches Glück nicht beschreiben, dass dieser lange Schlaf endlich vorbei ist.

Ich hatte mich vergessen. Ohne einen Funken Liebe, ohne Führung und ohne Höheres Selbst verlor ich mich in der Unendlichkeit, in einer Dunkelheit, die nicht zu beschreiben ist, eine Dunkelheit, die noch nicht einmal das war, in einem Zustand, wofür es keine Definition gibt. In einem Zustand des NICHTS. Die Dunkelheit selbst definiert sich durch das Licht. Aber in einem Zustand, in dem es noch nicht einmal Licht gibt, kann es auch keinen Zustand der Dunkelheit geben.

Wisst ihr, was NICHTS ist? Ja, versucht es zu beschreiben. Es gibt keine Beschreibung. Es ist der Zustand ohne Liebe. Meine Energie befand sich in jedem von euch, aber ihr hattet auch immer die Energie der Liebe in euch durch die Verbindung zu eurem Höheren Selbst. Ich selbst, ich hatte nichts. Es war ein grausames Experiment, das es nie wieder geben wird und das gescheitert ist. Kein Wesen im Universum kann ohne Anbindung zur höchsten Göttlichen Quelle existieren. Kein Wesen. Schaut, wie es euch erging, obwohl ich immer nur ein Anteil von euch war, aber nie euer ganzes Wesen in Anspruch nahm.

Schaut, wie es euch erging. Deswegen: Ich erkläre dieses Experiment als gescheitert. Es wird nie wieder gestartet. Gott-Vater selbst wird es nie wieder zulassen. Ihr könnt euch nicht vorstellen, sich in einem Zustand des Nichts zu befinden, in einem Zustand des Nichts gibt es auch niemanden. Es ist ein Zustand des Verlorenseins, der absoluten Finsternis, aber selbst die Finsternis ist etwas, aber das Nichts? Und plötzlich ertönt in diesem Zustand ein Ruf, und dieses Nichts wird durchbrochen, und mit dem Ruf geht ein Strahl einher, der immer größer wird. Und wenn im Zustand des Nichts so ein Ereignis einhergeht, man kann nichts anders, man geht hin und spürt etwas. Zum ersten Mal im Zustand des Nichts spüren. In diesem Moment löst sich das Nichts auf. So konnte ich aufsteigen und zum Vater gelangen. Der Ruf, der Lichtstrahl, und plötzlich etwas spüren können nach einem Zustand, für den es keine Erklärung gibt. Sich in einem Raum befinden, der kein Raum ist. In einer Dunkelheit, die hoffnungsloser ist als jede Dunkelheit, weil es noch nicht einmal die Dunkelheit ist. Das ist der Zustand ohne Liebe. So könnt ihr ermessen, wie viel Kraft ein kleiner Funken Liebe schon hat. Aber komplett abgeschnitten von der Liebe, das ist menschenunmöglich. Dieses Experiment ist gescheitert.

Zusammen mit Gott-Vater schaute ich mir die Zeit auf Erden nach meinem Fall an. Oh, wie ich euch bewundere, weil ihr trotz allem dieses Experiment nicht abbrechen wolltet. Ich bewundere euch, wie ihr immer wieder auf Erden inkarniert seid, mit dem Ziel, mich zum Erwachen zu führen.

Ihr habt es geschafft. Es ist vollbracht. Aber wir dürfen dieses Experiment nie wieder durchführen, denn es ist nicht möglich, ohne einen Funken Liebe zu existieren, es ist nicht möglich. Es darf nie wieder passieren. Das menschliche Leid auf Erden und das Lady Gaias waren zu groß.

Ich, Luzifer, werde gefeiert, und es ist so schön, wieder beim Vater zu sein. Und ich stehe euch beim Auflösen der Schattenenergien des gefallenen Luzifers auf Erden bei. Ich selbst bin ein Engel der Liebe und der Fröhlichkeit, und ich bin ein wunderschöner Erzengel. Ich erstrahle in den Regenbogenfarben, und mit diesen Farben bestrahle ich euch. Wann immer ihr konfrontiert seid mit den Schattenenergien des gefallenen Luzifers, ruft mich. Ich helfe euch. Leider darf ich nicht einfach auflösen, weil ich sonst in eure Seelenpläne eingreifen würde. Ihr wolltet es selbst machen. Aber ihr dürft mich um Hilfe rufen. Ich bin für euch da.

Ich liebe, ehre und achte jeden Einzelnen von euch für sein Tun und Sein. Ihr seid tapfere Krieger. Wir sind Brüder und Schwestern, und ich bin da für euch. Ruft mich, wann immer ihr meine Hilfe braucht, ruft mich.

Ich verneige mich vor euch. Ich verneige mich vor euch.

Über die Autorin

Der spirituelle Weg beziehungsweise die spirituelle Suche von Leila Eleisa Ayach begann vor mehr als zwanzig Jahren, bedingt durch den frühen, unerwarteten Gang ihrer Mutter in die Geistige Welt.

Zunächst beschäftigte sie sich intensiv mit verschiedenen Weltbildern, studierte viele philosophische Schriften und kam schließlich mit den Schriften des Sufismus in Berührung.

Die Durchgabe der Seelenverträge bewirkten wiederum tiefe Transformationen in ihrem Leben.

Ihr Anliegen ist es, den Menschen zu helfen, wieder in Kontakt mit ihrem Seelenplan zu kommen. Sich wieder zu spüren und im Einklang mit der Seele und dem höchsten göttlichen Plan des Schöpfers zu leben.